어떻게 반전을
이끌어낼 것인가

MACH'S FALSCH, UND DU MACHST ES RICHTIG ES RICHTIG

by Christian Ankowitsch

© 2011 by Rowohlt Berlin Verlag GmbH, Berlin

Korean Translation Copyright © 2014 by Woongjin Thinkbig Co., Ltd.

All rights reserved.

The Korean language edition is published by arrangement

with Rowohlt Verlag GmbH through MOMO Agency, Seoul.

어떻게 반전을 이끌어낼 것인가

크리스티안 안코비치 지음 | 박정미 옮김

관성과 습관을 1° 비틀어
문제를 해결하는
패러독스 발상법

리더스북

옮긴이 **박정미**

연세대학교 독문학과와 독일 본(Bonn) 대학교 번역학과를 졸업했다. 현재 프리랜서 번역가로 활동중이다. 옮긴 책으로는 《경제학이 깔고 앉은 행복》, 《소녀 안네 프랑크 평전》, 《고슴도치 길들이기》, 《상식의 오류 사전》 등이 있다.

관성과 습관을 1° 비틀어 문제를 해결하는 패러독스 발상법
어떻게 반전을 이끌어낼 것인가

초판 1쇄 발행 2014년 6월 27일
초판 2쇄 발행 2014년 7월 11일

지은이 크리스티안 안코비치 **옮긴이** 박정미
발행인 서영택 **본부장** 이홍
편집인 박희연 **편집주간** 최서윤 **편집장** 한성수 이정아
책임편집 송현주
제작 한동수 **마케팅** 정상희 정지운

발행처 (주)웅진씽크빅 **출판신고** 1980년 3월 29일 제406-2007-00046호
임프린트 리더스북 **주소** 서울시 종로구 인사동9길 27 가야빌딩
주문전화 02-3670-1021,1173, 1595 **팩스** 02-747-1239
문의전화 02-3670-1038(편집) 02-3670-1191(영업)
홈페이지 http://www.wjbooks.co.kr

한국어판 출판권 ⓒ (주)웅진씽크빅 2014
ISBN 979-11-85424-11-8 13320

이 도서의 국립중앙도서관 출판시도서목록(CIP)은
e-CIP 홈페이지 (http://www.nl.go.kr/ecip)에서 이용하실 수 있습니다.
(CIP제어번호 : CIP2014017613)

• 책값은 뒤표지에 있습니다.
• 잘못된 책은 구입하신 곳에서 바꾸어드립니다.

우리는 왜 늘 같은 방식으로
문제를 해결하려 할까?

어느 날 찾아온 불청객이 내게 안겨준 의문

발단은 이랬다. 그날따라 웬일인지 잠이 오지 않았다. 그래서 처음에는 잠이 안 온다는 생각을 아예 하지 않으려고 애썼다. 하지만 소용이 없었다. 최면을 걸기 위해 '나는 피곤하다.'고 계속 중얼거려도 보았으나 오히려 그럴수록 정신은 더 말짱해졌다. 빨리 잠들지 않으면 다음날 얼마나 몸이 고단할지 상상해보기도 했다. 그러자 잠이 완전히 확 달아났다.

그렇게 몇 주가 지나다보니 문제가 정말 심각해졌다. 전에는 침대에 눕자마자 곯아떨어지곤 하던 내가 이제 불면증 걱정을 하게 되다니…… 걱정은 날마다 조금씩 더해갔다. '오늘 밤에는 또 얼마나 오래 잠을 이루지 못하고 뒤척여야 할까? 이 두려움은 도대체 언제나 끝이 날까? 어쩌다 이 지경이 된 것인가?' 불안감은 떨쳐버리려고 노력하면 할수록 더 끈질기게 쫓아다녔다.

나는 여러 사람에게 조언을 구했다. 하지만 그 많은 조언 가운데 도움이 되는 것은 하나도 없었다. 간혹 도움이 되겠다 싶은 것이 있다 해도 임시방편일 뿐이었다. 그러던 어느 날 다음과 같은 권고를 보았다.

"잠이 오지 않으면 어떻게든 깨어 있으려고 애써보라."

허무맹랑한 소리 같았으나 실행에 옮기기가 쉽고 내겐 이러나 저러나 어차피 마찬가지였기 때문에 그날 밤 침대에 똑바로 누워 눈을 부릅뜨고 천장을 응시하면서 그 말처럼 해보았다. 결과는 어땠을까. 눈을 크게 뜨고 침대에 누워 있는 내 모습이 얼마나 괴상할지 생각해볼 겨를조차 없었다. 몇 분도 채 지나지 않아 이내 잠이 들고 말았으니까.

처음에는 이 간단한 실험의 결과를 우연으로 여겼다. 그동안 제대로 잠을 자지 못해서 너무 피곤한 나머지 곯아떨어졌겠거니 했다. 하지만 내 불면증을 기만하는 일이 두 번, 세 번, 네 번 반복되자 문득 이런 의문이 고개를 들기 시작했다.

'상식을 깨는 행동으로 원하는 성과^{적어도 내게는 그랬다}를 얻을 수 있다니, 어찌된 일일까?'

이런 궁금증을 품고 주위를 둘러보자 일련의 비슷한 사례들을 발견할 수 있었다. 그 사례들은 하나같이 목표를 이루기 위해 역설적인, 그러니까 일단은 모순인 것처럼 보이는 패러독스 전략을 이용하면 더 큰 성과를 거둘 수 있음을 보여주는 것들이었다. 그중에는 권위 있는 학자들이 그 인과관계를 증명해 믿을만한 것들도 많았다.

다음에 소개할 이야기는 여러 가지 이유로 내게 깊은 인상을 남겼다. 통념과 상식을 깨는 패러독스 전략이 때로는 한 아이의 삶까지 완전히 바꿔놓을 만큼 영향력이 있지만, 이 '기술'이 요구하는 것은 아주 사소한 개입뿐임을 보여주기 때문이다. 또한 새로운 방법을 시도해보고자 하는 의사나 심리치료사의 열정, 환자들의 용기가 충분히 보상받을 만한 것임을 보여주기도 한다.

용기는 바로 우리가 익숙한 길을 벗어나서 반대 방향으로 나아가고자 할 때 기본적으로 필요한 전제조건이다. 자신의 생각에 이의를 제기할 용기, 그리고 좋은 뜻으로 해주는 것이긴 하지만 더 빨리 잠이 오게 하는 법을 묻는 질문에 고작해야 와인 한 잔을 마시고 자라는 대답밖에 할 줄 모르는 남들의 조언을 한 귀로 듣고 한 귀로 흘릴 수 있는 용기 말이다.

지금 소개하려는 마틴의 이야기는 절망으로 시작해 낙관으로 끝이 난다. 아마도 그래서 더 이상 어떻게 해야 할지 몰라 난감해질 때마다 이 이야기를 떠올려보게 되는 것 같다.

벼랑 끝에서 찾은 반전의 해법

마틴이 병원에 왔을 때는 거의 자포자기한 상태였다. 이 11세 소년은 병실에 누워 짙은 초록색 눈으로 어른들을 차례로 쳐다보면서 사람들이 그를 위해 생각해냈다는 일을 무관심하게 견뎌내고 있었다. 마틴에게는 중병을 앓고 있는 어머니가 있었다. 그리고 자신은 만성적인 통증에 시달리고 있었다. 그 통증이 어디서 기인하는 것인지 도무지 알 길이 없었다. 가족 중 누구는 마틴이 심한 위장염에 걸리면서 아프기 시작했다고 했고, 또 누구는 어느 날 학교에서 돌아와 위장 부위에 찌르는 듯한 통증을 호소하면서부터라고 했다. 2년 전부터는 단 한 시간도 수수께끼 같고 끈질긴 복통을 잊고 지내기가 힘들어졌다.

통증이 조금 약해진다 싶을 때도 더러 있기는 하지만 언제 또 복통이 엄습할지 모른다는 두려움이 마틴을 괴롭혔다. 처음엔 그래도 며칠에 한 번씩 통증이 재발했기 때문에 사이사이 잊고 지낼 수 있었지만, 주변 사람들의 배려가 자꾸만 통증을 생각나게 만들었다. 부모와 친척들, 친구들이 계속 이렇게 물었던 것이다. "어때, 괜찮아?" "또 아프니?" "오, 가엾은 마틴 얼마나 힘들까? 방법이 전혀 없는 거야?"

결국 통증은 아주 눌러앉아서 시도 때도 없이 마틴을 괴롭히며 기쁨이나 흥미 같은 감정들을 모조리 앗아가버렸다. 마틴의 부모는 통증을 몰아내기 위해 온갖 방법을 다 써보았다. 냉찜질과 마

사지를 해주기도 하고 동종요법 의사와 침술사를 찾아다니기도 했지만 아무 소용이 없었다. 어떤 의사는 마틴의 맹장을 제거하기도 했고, 엉뚱한 약을 처방해주기도 했다. 걱정이 많은 부모와 마찬가지로 의사들은 원래 아무것도 도와줄 수 없다는 느낌이 드는 것을 싫어한다. 그렇기 때문에 그래봤자 아무 소용이 없다는 것을 잘 알면서도 뭔가를 시도해보았던 것이다.

통증은 참 요상한 것이다. 그 이중성, 즉 통증이 사실일 수도 있고 상상일 수도 있다는 것을 알아야만 그 존재를 이해할 수 있으니 말이다. 통증은 우리 신체의 산물일 수도 있고 인지의 산물일 수도 있다. 그렇기 때문에 마틴의 통증이 신체적으로 원인을 찾을 수 없다 하더라도 그 고통이 진짜인 것은 사실이다. 뇌에 있는 통증센터인 체감각피질이 마치 뜨거운 렌지 위에 손을 올려놓았을 때 느껴지는 것만큼의 고통으로 11세 소년의 몸을 가득 채우고 있는 셈이었다.

하지만 다른 한편으로는 마틴의 주의와 인지가 통증을 얼마나 강하게 느껴야 할지를 결정하기도 한다. 다시 말해 우리가 느끼는 통증의 강도는 몸 안 어디에서 그 통증이 기인하는 것인지에 온종일 신경을 곤두세우는가 아닌가에 따라 달라지기도 한다는 것이다. 뿐만 아니라 주변 사람들이 얼마나 그 통증에 주의를 환기시키는지"저런, 멍들었네. 정말 아프겠다!", 또 우리가 아픈 것 덕분에 어떤 사회적 이익동정받거나 보호받는 것을 얻게 되는지에 따라 더 아프게 느껴지거나 덜 아프게 느껴지기도 한다.

마틴은 어느 의사의 권고로 만성적인 통증에 시달리는 환자들을 전문적으로 치료하는 병원으로 이송되었다.[1] 이 병원에는 소아 청소년을 전문적으로 치료하는 센터가 있었고, 의사들은 어떻게 해야 마틴의 상태를 눈에 띄게 호전시킬 수 있는지 잘 알고 있었다. 제일 먼저 의사들이 지시한 것은 복용하던 약을 끊으라는 것이었다. 약을 써봐야 만성적인 복통에는 아무 효과가 없다는 것이 입증되었기 때문이다. 이에 더해 주치의 미하엘 도베Michael Dobe는 가족들에게 마틴 앞에서 통증에 대해 이야기하지 말 것을 요청했다. 그럼에도 불구하고 그런 이야기를 입에 올리는 사람은 마틴에게 1유로를 줘야 했다. 도베는 마틴의 주의를 다른 데로 돌리기 위해 취미에 대해 묻는가 하면, 다른 사람들과 대화를 나누도록 권장했지만 그 누구도 마틴의 통증에 대해서는 절대 말을 꺼내지 못하게 했다.

하지만 도베는 아직 마음에 걸리는 것이 있었다. 만성 통증 환자들을 치료하면서 계속 외면해온 상황이 한 가지 있기 때문이다. 그것은 환자들의 마음 깊은 곳에 자리잡은, 언제 다시 엄습해올지 모를 통증에 대한 막연한 두려움이었다. 이 문제에 대해 처음 생각하게 된 것은 마틴을 알기 1년 전인 2003년부터였다. 그 당시 상당수의 아이들이 만성적인 통증으로 병원을 찾아왔다.

도베와 여러 전문의들은 환자들을 돌보는 동안 대부분의 아이들이 충격적인 경험으로 고통받고 있음을 알게 되었다. 코소보에서 전쟁을 겪은 아이들이 있는가 하면, 교통사고나 가정폭력을 경험한 아이들도 있었다. 불행한 변화를 가져다준 이런 체험들에 대한 기억은 통증을 야기했고, 통증은 다시 전쟁이나 교통사고에 대한 기억을 일깨웠으며, 기억은 또다시 새로운 통증을 유발하는 악순환이 계속되었다.

도베는 고전적인 트라우마 치료법 중 피해자를 고통스러운 경험과 대면시켜서 충격을 제어하는 능력을 기르도록 하는 방법을 기억해냈다. 이는 그때까지 통증치료에서는 쓰인 적이 없는 방법이었다. 아이디어가 떠오른 처음에는 이렇게 생각했다.

'이 방법을 통증치료에 써서 안 될 것도 없지. 지금 우리가 하고 있는 치료법은 환자의 주의를 다른 데로 돌리기만 하는데, 이런 식으로는 통증에 대한 두려움 그 자체를 이겨내기는 힘들 거야.'

하지만 동시에 의구심도 들었다.

'그런데 만약 그 방법이 통증치료에 절대 적용해서는 안 될 방법이면 어떡하지?'

고민을 거듭하던 그는 마침내 이런 결론을 얻었다.

'통증에 대한 두려움을 그대로 놔둔 채 통증을 치료하겠다는 것은 어차피 아이들을 절반만 도와주는 거나 마찬가지다!'

그래서 미하엘 도베는 통증을 떠올리지 못하도록 하는 기존의 치료법을 바꿔 아이들과 그들의 두려움이 서로를 마주보게 할 방법을 모색하기 시작했다. 그리고 어린 환자들과 함께한 수많은 실험을 통해 마침내 통증유발테크닉^{Pain Provocation Technique, PPT}을 개발해 냈다.

이 치료법을 처음 접할 때는 환자에게 다소 무리한 요구를 한다고 생각할 수 있다. 미하엘 도베도 그것을 잘 알고 있다.

"처음에는 대부분의 부모와 아이들이 어처구니없어합니다. 우리의 치료방식은 지금까지의 사고방식과 해결책을 완전히 뒤엎는 것이기 때문이죠. 그 이유를 자세히 설명하기 전까지 이 방식은 매우 모순적으로 보일 겁니다."

도베는 일단 마틴과 같은 환자에게 자신의 통증에 완전히 집중해보라고 요구한다. 통증을 분명하게 자각하기 위해 더 이상 회피하지 말고 직시하라는 것이다. 이러한 지시는 주의를 통증 외의 다른 데로 돌리는 그동안의 치료방식에 어긋날 뿐 아니라 환자들이 더욱 고통스러워할 수밖에 없다. 통증에 집중한다는 것은 곧 '통증아, 커져라! 나를 괴롭혀라!'라는 명령과 다를 바 없기 때문이다.

기존의 상식과 통념을 뛰어넘어 기회를 여는 방법에 대하여

그러면 미하엘 도베가 통증으로 고통받는 아이들과 어떤 식으로 치료 시간을 이끌어가는지 살짝 엿보기로 하자.

도베가 통증에 집중하라고 하자 마틴은 잠시 망설이다가 두 눈을 감고 괴로운 연습을 시작했다. 도베는 마틴이 어느 순간에 통증을 불러내는 데 성공했는지 알 수가 없다. 그래서 두 사람은 이렇게 하기로 약속을 했다. 마틴이 통증을 불러내는 순간 큰 소리로 "스톱!" 하고 외치는 것이다. 이것은 통증유발테크닉을 시작하기 위한 신호인 셈이다. 마틴은 이 테크닉을 하루에도 몇 차례씩 연습해왔다.

마틴이 "스톱!"을 외치면 도베는 이렇게 말한다.

"자, 이제 통증을 한 포인트 아래로 내리는 거야, 마틴."

두 눈을 감은 채 마틴은 잠시 후 살짝 미소를 짓는다.

"이번엔 통증을 두 포인트 위로 올려."

도베가 그렇게 지시하자 마틴의 미소가 싹 사라진다. 그리고 30초쯤 지나고 나서 마틴이 고개를 끄덕인다.

"마틴, 이제 세 포인트 아래로 내려."

그런 식으로 마틴은 마치 롤러코스터를 타듯 통증을 끌어올렸다가 끌어내리기를 반복한다.

관찰자가 보기에 이 간단한 연습은 그다지 흥미롭지 않을 것이다. 하지만 마틴과 같은 아이들한테는 새로운 세상을 향한 첫걸음인 셈이다. 그 새로운 세상에서 통증은 더 이상 제멋대로 나타났다 사라지는 통제 불능의 존재가 아니다. 그보다는 의식적으로 불러낼 수 있고, 더 커지라거나 작아지라는 식의 명령에 복종하는 존재다. 그래서 이 치료를 마친 아이들은 이렇게 이야기할 수 있게 된다.

"이제 내가 주인이야!"

환자들이 걸어가야 할 길은 결코 평탄하지 않다. 그리고 그의 가족들도 마틴과 마찬가지로 이 독특한 방법에 익숙해지는 법을 배워야 한다.

그렇지만 치료과정을 거친 아이들은 대개 성공적으로 이 연습을 마쳤고 지금까지 갇혀 있던 통증의 세계에서 벗어났다. 물론 그들의 통증이 영원히 사라진 것은 아니지만, 불가피하게 받아들여야 하는 상황에서 벗어나 통제 가능한 수준으로 바뀐 것은 분명하다. 극도의 고통에서 벗어난 아이들은 그동안 낯선 감정처럼 여겨졌던 기쁨을 다시 느끼게 되었다.

"이제 난 뭐든 원하는 대로 할 수 있어!"

2004년부터 2006년에 걸쳐 준실험연구 quasi-experimental studies로 이 치료법의 효과를 조사한 타냐 헤흘러 Tanja Hechler는 이렇게 말한다.

"통증유발이란 내수용적 노출 interoceptive exposition이다."

즉 환자들이 불쾌한 내적 자극에 자신을 내맡기도록 유도한다는 의미다. 이는 공황장애 치료와 같은 영역에서 이미 효과적으로 활용되고 있는 방법이다.

사실 아이들에게 이 방법이 과학적으로 신뢰할만한 것인지 아닌지 따위는 조금도 가치가 없다. 중요한 것은 일부 소아정신과 의사들이 용기를 내어 기존의 통념과 상식에 어긋나는 방법을 이용해 옳은 결과를 얻어냈다는 점이다. 나는 그러한 용기가 우리의 일상과 경제·사회 활동 전반에 또한 필요하다는 얘기를 하고 싶다. 지금부터 고정관념을 뒤엎어 새로운 반전을 유도하는 이 같은 패러독스 발상법을 심도 있게 다루고자 한다.

C O N T E N T S

패러독스 게임의 법칙 ∷ **107**

상대방에게 동기를 부여하고 싶다면 그 사람을 무시하라 | 자신의 배우자에게 싫증을 느끼는 친구를 위로하려면 함께 욕을 하라 | 애인과 더 열렬히 사랑하고 싶다면 적당히 거리를 두어라 | 보다 나은 삶을 살고 싶다면 당신의 일을 훼방 놓을 방법부터 찾아라 | 정말 성공하고 싶다면 작정하고 비관주의자가 되는 일도 한번쯤 고려해보라 | 고객에게 물건을 팔고 싶으면 그 물건을 사지 말라고 말려라 | 동기를 부여하는 말에는 라벨링 전략으로 가능성을 심어라 | 이 전략들을 활용할 때는 상대방이 빠져나갈 여지를 남겨 둬라

How To Think **4** 달콤한 보상의 패러독스
: 칭찬과 만족에 약한 본능을 이용하라

무위의 패러독스
: 때로는 아무것도 하지 않는 것이 훌륭한 전략이 된다

무위의 전략을 사용할 때는 당신이 하지 않은 것이 무엇인지 반드시 알려라 | 무위라는 것이 꼭 아무것도 하지 않는 것을 의미하지는 않는다 | 침묵에도 디테일이 필요하다 | 무엇이 없는 덕분에 당신이 행복할 수 있는지를 생각해보라

부정의 패러독스
: No가 반복되면 결국은 Yes가 된다

패러독스 게임의 법칙 :: 254

경고는 자세하게 하라 | 버티기 힘들 땐 무언가를 열심히 하면서도 하지 않는 것처럼 굴어보라 | 때론 다른 사람의 말을 전하는 것처럼 재치있게 부정문을 활용하라 | 관철시키고 싶은 일이 있다면 오히려 그 일을 금지시켜 보라 | 원하는 것을 원하지 않는다고 말하면 당신의 의중을 완곡하게 알릴 수 있다 | 누군가를 혼란에 빠트리고 싶다면 부정문을 잔뜩 써서 말하라 | '예'라는 말을 듣고 싶으면 '아니오'가 '예'가 될 때까지 계속 질문하라

HOW TO Think 1

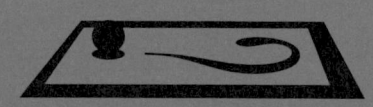

이중 메시지의
패러독스

당신의 메시지 속에 또 다른 메시지를 숨겨라

바다 생태계를 박살낸
애니메이션 〈니모를 찾아서〉

〈니모를 찾아서 Finding Nemo〉라는 애니메이션은 이야기 전개가 빠르다. 간략히 요약하자면 물고기 부자의 애끓는 상봉기랄까. 태평양에서 아빠 '말린'과 행복한 일상을 보내던 어린 광대물고기 '니모'에게 어느 날 시련이 닥친다. 어부에게 잡혀 호주 시드니의 한 치과병원에 있는 어항 속에 갇히게 된 것이다. 니모는 고향으로 돌아가기 위해 필사적으로 탈출을 시도하지만 번번이 실패하고, 어항 속 친구들과 함께 창문 밖으로 보이는 태평양을 바라보며 다시 돌아가게 될 날만을 애타게 기다린다.

한편 니모의 아빠 말린 역시 아들을 구하기 위해 어떻게든 시드니로 가려고 하지만 상어, 해파리 떼, 어선을 만나는 등의 갖가지 고생을 겪으며 악전고투를 거듭한다. 하지만 말린은 포기하지 않는다. 위험한 포식자에게 사랑하는 아내와 아이들을 모두 잃은 그에게 니모는 마지막 하나 남은 가족이기 때문이다.

다행히도 영화는 해피엔딩이다. 그리고 니모와 말린의 애끓는 부자의 정과 친구들의 우정은 관객들의 마음에 진한 감동을 남겼다. 비록 그 친구들이 비닐봉투에 한 마리씩 따로 담긴 화면이 영화의 클로징 화면을 가득 채우지만 말이다.

2003년 미국에서 개봉된 영화 〈니모를 찾아서〉는 대성공을 거두며 비평가들의 호평까지 거머쥔 작품이다. 관객들의 반응은 열광적이었다. '니모에게 자유를!'이라는 단체를 결성해 '어항은 싫어요!'라는 문구가 적힌 스티커를 만들거나 수족관업자에게 몰려가 갇혀 있는 물고기를 놓아주라며 시위를 하기도 했다. 어찌 보면 당연하고, 또 충분히 예상 가능한 반응이었다.

그런데 영화는 동시에 관객들에게 다른 영향을 미치기도 했다. 2003년 11월 18일자 〈프랑크푸르터 알게마이너 차이퉁*Frankfurter Allgemeine Zeitung, FAZ*〉지에는 이런 내용의 기사가 실렸다.

"이 영화의 성공이 작은 섬나라 바누아투의 해저를 해치고 있다. 남태평양 군도의 바다 밑이 텅 비어가고 있다!"

그러니까 사람들이 '니모' 때문에 너도 나도 열대어를 사기 위해 수족관 앞에 줄을 섰다는 것이다. 그리고 이 수요를 채우기 위해 제약 없이 어류를 잡을 수 있는 바누아투 군도에서 무절제한 열대어 포획이 이루어지고 있다는 내용이었다.

관객들의 과열된 반응은 좀처럼 진정되지 않았다. 급기야 영화가 개봉되고 5년 만에 일부 해역의 광대물고기 수가 75퍼센트나 감소했다. 호주 연안의 바다에서 오랫동안 광대물고기의 습생을 관찰해온 영국 컴브리아대학의 분기생물학 교수 빌리 싱클레어Billy Sinclair는 이 영화를 사랑하는 아이들에게 "니모를 원래 집인 바다로 돌려보내달라고 부모에게 말하라."는 간곡한 메시지를 전하기도 했다. 그러나 유감스럽게도 〈니모를 찾아서〉가 의도치 않게 엉뚱한 메시지를 전달한 것처럼 싱클레어의 메시지 역시 부모들의 머릿속에서 정반대로 바뀌어버린 듯했다.

하나의 메시지에 숨겨진 또 다른 메시지들

관객들은 영화가 상영되는 96분 동안 불쌍한 열대어들이 자유를 얻기 위해 끈질기게 싸우는 모습을 지켜보면서 함께 슬퍼하고 또 함께 기뻐했다. 그런데 영화를 보고 난 뒤에는 곧장 수족관으로 달려가 니모와 닮은 광대물고기를 샀다. 광대물고기가 자유를 쟁취하기까지의 과정을 다룬 대서사시가 그 물고기들에게서 자유를 앗아가는 역설적인 결과를 가져온 것이다. 도대체 왜 사람들은 이처럼 예상치 못한 반응을 보이는 것일까? 이 챕터에서 다룰 주제인 메시지의 양면적인 속성이 바로 그 해답 중 하나가 될 수 있을 것 같다. 양면성은 우리의 감정뿐만 아니라 커뮤니케이션에서도 중요한 역할을 한다.

우리가 상대방의 말을 이해하느냐 마느냐는 상대방이 어떤 단어를 사용하느냐에만 달려 있는 것이 아니다. 대화가 이루어질 당시의 정황도 시점만큼이나 중요한 역할을 한다. 그뿐만이 아니다. 우리가 사용하는 개념들 또한 확실성과는 거리가 먼 것들이 많다. 심지어는 이 같은 개념들의 불확실성이 바로 언어의 전제조건이 되기도 한다. 이에 대해 심리분석가 프리츠 지몬 Fritz Simon 은 다음과 같이 말한 바 있다.[1]

"상징이 단순한 의미 이상의 것을 담고 있기 때문에 인간의 언어와 사고 개념적이고 상징적인 가 제대로 기능하는 것이다. 단어, 개념, 기호 같은 것은 명확하게 구분되는 사물이나 사실에 대한 명칭이 아니라 '의미의 다발'을 전달해준다."

그래서 빨간 신호등은 단순히 멈추라는 의미만이 아니라 '아직 도로에 들어서지 않았으면 서시오!'와 '도로를 건너는 중이라면 빨리 지나가시오!'라는 의미도 갖는 것이다.

이런 관점에서 본다면 〈니모를 찾아서〉가 담고 있는 메시지가 관객들의 마음에서 여러 가지로 해석될 수 있다는 점이 분명해진다. 그중 하나는 자유를 사랑하는 물고기에 관한 이야기이고, 또 다른 하나는 작은 어항에 물고기를 키우는 치과의사에 관한 이야기일 것이다. 두 가지 메시지 가운데 어느 것이 우리의 귀에 쏙 들어오고 또 어느 것이 인간의 행동을 결정하는가는 명확하게 예측하기 어렵다. 영화를 본 관객의 반응이 양면적이었던 것처럼 말이다. 어떤 사람들은 자유를 주고 싶은 마음에 키우던 물고기를 화장실 변기에 넣고 물을 내렸다. 그런가 하면 또 어떤 사람들은 하루 종일 헤엄치는 것을 지켜봐도 싫증나지 않을 만큼 작고 귀여운 니모 같은 물고기를 키워보려고 어항을 샀다. 추측일 뿐이지만 두 가지 모두 행동에 옮긴 사람들도 분명 있었을 것이다. 단순한 형태로 수신인에게 전달되는 메시지는 없다. 그러므로 우리는 항상 스테레오로, 즉 이중으로 심지어 다중으로 보내게 되는 의도치 않은 메시지를 유념해야 한다.

불법 사용설명서가 된
범죄 예방 가이드

잘나가던 독일의 정치인 카를 테오도르 추 구텐베르크Karl-Theodor zu Guttenberg는 박사 논문을 표절했다는 사실을 인정하는 순간 정치 인생을 마감해야 했다. 독일어로 '표절하다'라는 뜻인 'abschreiben'에는 '쓴 것을 다시 옮겨 적다'라는 뜻도 있기 때문에 사람들은 그가 누군가에게 논문을 대필하게 했을 거라고 추측했고 그 여파로 구텐베르크는 국방장관 자리에서 물러나야 했다.

사람들의 추측이 정황상 결코 터무니없는 것은 아니었지만 여기서 그 추측의 시시비비를 논하자는 것은 아니다. 이 사례에서 주목해야 할 사실은 이 스캔들로 그때까지 숨어서 일하던 대필작가들이 주목받게 되었다는 점이다.

상식적으로 생각하면 구텐베르크의 스캔들 이후 '대필'이란 단어는 옛말이 되었어야 옳다. 박사 학위를 따기 위해 굳이 애쓰지 않아도 돈으로 학위를 살 수 있다는 것을 많은 사람들이 알았을 테니 말이다. 더불어 경솔하게 논문을 대필시키거나 표절하다가는 구텐베르크처럼 모든 것을 한순간에 잃을지도 모르기 때문에 자기가 직접 쓰거나 차라리 학위를 포기하는 편이 낫다고 생각하리라는 것이 일반적인 예상이다. 적어도 나는 그렇게 생각했다. 이 사건으로 인해 구텐베르크처럼 비난과 조롱의 위험을 무릅쓸 사람이 줄어들고 당연히 대필작가들의 일거리도 줄어들 거라고 말이다. 그런데 그 생각은 완전히 빗나갔다.

스캔들 이후로 인터넷을 통해 박사 논문을 대필해줄 사람을 찾는 수요가 오히려 늘어난 것이다. 2011년 3월 16일자 〈베를리너 차이퉁 Berliner Zeitung〉지에 실린 기사를 보면 대필 전문가 카를 하인츠 스무다 Karl-Heinz Smuda는 구텐베르크의 사건이 그의 사업에 어떤 영향을 주었느냐는 질문에 뜻밖의 대답을 했다. 그전에는 석사와 박사 논문에 대한 대필 문의가 일주일에 2건 내지 3건밖에 들어오지 않았는데 구텐베르크 사건 이후에는 일주일에 20건 내지

30건씩 들어온다는 것이었다. 장관이었던 구텐베르크와 비슷한 진로를 원하는 유복한 집안의 자제들이 주요 고객이었다고 한다. 구텐베르크 스캔들로 대필 작가의 존재와 그들이 어느 정도의 일까지 대신해줄 수 있는지를 정확히 알게 되었기 때문이다. 스무다의 말을 빌리면 "구텐베르크 스캔들이 둑을 무너뜨린 셈"이다.

또 다른 예를 보자. 주식 딜러의 실무를 소개한 책들 가운데 고전으로 통하는 것은 1989년에 출간된 마이클 루이스 Michael Lewis 의 《라이어스 포커 Liar's Poker》다.[2] 서문만 봐도 그 이유가 짐작된다.

"어쨌든 이 책은 처음부터 끝까지 나에 관한 이야기를 적은 것이다. 또한 내가 벌지 않은 돈과 내가 하지 않은 거짓말은 채권 딜러의 입장에서 나름의 개인적인 방식으로 해석했다."

한마디로 이 책의 화자는 인사이더라는 것이다. 그것도 아주 특별한 인사이더 말이다. 왜냐하면 마이클 루이스는 책을 집필할 당시 좌절을 맛보고 떠밀리듯 그 분야를 떠난 사람이 아니었기 때문이다. 오히려 그는 엄청난 돈을 벌며 성공가도를 달리고 있었다.

때문에 책에서 "딜러들의 오만과 무지 그리고 간신히 사춘기를 벗어난 남자들이 나라의 경제를 걸고 룰렛게임을 하는 무능함과 무책임"에 대해 매우 논리 정연하고 객관적인 시각을 유지할 수 있었다. 루이스와 월스트리트의 관계가 끝났음을 알리는 이 말은 하랄트 슈타운 Harald Staun 이 루이스의 저서를 비평하면서 언급한 것이다.[3] 그는 이렇게 덧붙인다.

"가장 호기심 어린 독자 편지를 보낸 것은 대학생들이었다. 그들은 나에게 루이스가 다른 비밀을 더 털어놓을 가능성이 있는지 물었다. 한마디로 그들은 루이스의 책을 사용설명서로 여겼다."

다시 말해 일부 학생들은 그 책을 원래 의도대로 _{뉴욕 증시에서 벌어지는 상} _{황을 끝내자는 요구} 읽는 대신 빠른 시간 안에 부자가 되는 방법을 가르쳐 주는 지침서로 여긴 것이다.

독자가 그 책의 내용을 어떻게 해석하는지의 여부는 어쩔 수 없는 문제다. 어떤 사람들은 인간의 과오에 관한 설명을 경고 내지 변화에 대한 요구로 이해하는 반면 어떤 사람들은 행동 지침으로 받아들인다. 그러나《라이어스 포커》같은 책이 사용설명서가 되는 것은 저자에게도 일정 부분 책임이 있다. 마이클 루이스는 스캔들이나 범죄가 어떤 식으로 일어나는지를 상세하게 설명하는 글이 대중들에게 특정한 메시지를 전달하기 마련이라는 사실을 간과했다. 그런 성격의 글은 비난이나 폭로인 동시에 지침서 역할을 한다.

물론《라이어스 포커》같은 책들이 본보기가 된다는 이유로 더 이상 출간되어서는 안 된다고 주장하는 것은 부당한 일일지도 모른다. 하지만 그런 책들의 이중적인 성격이 우려스러울 만큼 사람들의 극단적인 행동을 이끌어내는 것은 사실이다.

모방 자살을 부추기는 자는 누구인가

2009년 11월 10일, 독일 프로축구 구단 하노버96 ^{Hannover96}팀의 골키퍼 로베르트 엥케^{Robert Enke}가 스스로 목숨을 끊었다. 그의 죽음이 알려지자마자 관련된 보도가 줄을 이었다. 무엇이 그를 극단적인 상황으로 몰고 갔고^{우울증} 어떤 방법으로 자살을 했으며^{기차에 뛰어들었다.} 또 가족, 팬, 대중이 그 사건에 대해 뭐라고 하는지^{할 말이 없다!} 등의 이슈들이 상세히 보도되었다. 사람들은 엥케같이 대중에게 많은 사랑을 받았던 사람의 자살에 대한 보도가 극단적인 상황에 처한 이들의 자살을 막을 수 있을 것이라고 생각했다.[3]

하지만 앞서 살펴보았던 사례들처럼 엥케의 자살에 대한 보도 역시 양면적인 결과를 가져왔다. 어떤 사람들은 충격을 받고 자살할 생각을 접은 반면 어떤 사람들은 그를 따라 똑같은 방법으로 자살했다. 심지어 모방 자살자가 너무 많아서 독일의 유력 일간지 〈쥐트도이췌 차이퉁 *Süddeutschen Zeitung*〉은 이 현상에 '엥케 효과'라는 이름을 붙였을 정도였다.[4]

라이프치히대학의 정신의학 교수 울리히 헤게를^{Ulrich Hegerl}은 〈쥐트도이췌 차이퉁〉과의 인터뷰에서 이 축구선수의 자살에 관한 무수한 보도가 대중에게 구체적으로 어떤 영향을 미쳤느냐는 질문을 받고 다음과 같이 대답했다.

"2009년 11월 중반에만 자살자의 수가 평년 같은 달의 4배에 달했습니다."

헤게를은 2002년 논문 〈베르테르 효과 *Der Werther Effekt*〉를 발표한 바 있다.[5] 1774년 괴테의 소설 《젊은 베르테르의 슬픔 *Die Leiden des jungen Werthers*》이 출간되고 나서 연쇄적으로 발생했던 자살 사건과 언론 보도의 상관관계를 다루었는데 논문의 결말을 요약하면 이렇다.

"그러므로 언론의 영향으로 인해 자살을 생각하지 않았던 사람들까지 죽음에 이르게 된다고 봐야 한다."

〈쥐트도이췌 차이퉁〉지는 기사에서 또 다른 전문가인 정신신체의학 교수 카를 하인츠 라트비히 Karl-Heinz Ladwig 의 말도 인용했다.

"보도되는 자살 사건의 주인공이 호감 가는 유명인일수록 파급효과가 더 큽니다. 축구나 그 유명인에 대해 잘 모르는 사람들에게까지 그의 자살이 본보기가 되기 때문이죠. 물론 자신을 그 사람과 동일시할 수 있어야만 그의 행동을 따라하는 것은 아닙니다. 언론 보도를 통해 자살의 방법이나 장소가 집단의식에 자리를 잡게 되는 것만으로 충분합니다. 샌프란시스코의 금문교가 바로 그런 경우죠. 전세계 사람들이 그 다리에서 뛰어내리기 위해 거기까지 찾아가지 않습니까. 도중에 다른 다리를 수없이 건너는데도 굳이 거기까지 가는 이유에 주목할 필요가 있습니다."

엥케 사건도 마찬가지였다. 그가 달려오는 기차에 몸을 던진 것처럼 기찻길로 뛰어드는 것이 한동안 유행이 되었다.

무엇이 사람들의 모방 자살을 유도하는지에 대해서는 아직 명확하게 밝혀지지 않았다. 어쩌면 그것을 명확하게 밝힌다는 것 자체가 불가능한 일일지도 모르겠다. 사람들의 동기가 다양하고 그런 비극적인 결단을 내리게 되는 구체적 상황 또한 너무나 다양하기 때문이다. 하지만 개인적 자살 동기를 확실하게 규명하기가 아무리 어렵다 해도 그와 관련된 언론 보도가 자살에 지대한 영향을 미치는 것만은 의심의 여지가 없다.

언론이 이 같은 민감한 주제를 어떻게 다루고 보도해야 하는지에 대해서는 이미 충분한 연구가 이루어졌다. 헤게를은 베르테르 효과에 관한 논문에서 이렇게 조언한다.

"동일화나 자제력 상실을 일으킬 자료가 보도 내용에 들어가지 않도록 자살 방법이나 장소, 동기 등을 최대한 추상적으로 서술해야 한다."

하지만 이와 비슷한 조언들이 무수히 존재함에도 불구하고 유명인이 겪은 비극적인 사건이나 자살에 대해 낱낱이 밝히는 장황한 기사를 써야 한다고 생각하는 저널리스트들은 여전히 많다. 그들은 무엇을 위해 그런 기사를 쓰는 것일까?

독일 시사주간지 〈슈피겔 *Spiegel*〉지는 로베르트 엥케가 자살한 지 6일 만인 2009년 11월 16일에 '삶에 대한 두려움, 로베르트 엥케 사건, 무엇이 사람을 비틀거리게 하는가?'라는 제목의 표지

기사를 실었다.

"로베르트 엥케, 한 그루의 나무와도 같았던 그는 많은 사랑을 받으며 언제나 수문장 역할을 톡톡히 해냈다. 그랬던 그가 기차에 몸을 던져 스스로 목숨을 끊었다. 이 일로 사람들은 우울증이라는 병이 인간의 마음을 얼마나 황폐하게 하는지 새삼 깨닫게 되었다. 엥케 같은 인물조차 맞서지 못하고 무릎을 꿇어버린 우울증의 위력에 모두들 충격을 받았을 것이다."

심리학자 헤르베르트 샤이트하우어 Herbert Scheithauer에 의하면 이른바 '묻지마 살인'에 대한 기사를 쓸 때도 자살에 대한 보도와 마찬가지로 그 파급효과에 신경을 써야 한다고 한다.

2009년 3월 11일 오전 독일 남서부에 위치한 도시 슈투트가르트에 위치한 비넨덴고등학교에서 이 학교 졸업생이 총기를 난사해 15명을 살해하고 자살하는 사건이 발생했다. 이 사건을 어떻게 보도하면 좋겠느냐는 질문에 샤이트하우어는 헤게를과 같은 맥락의 답변을 했다.

"저는 가해자의 사진이나 범행 동기 등을 공개해서는 안 된다는 입장입니다. 어쩔 수 없이 그런 사건을 보도해야 하는 경우라면 피해자나 그 불행한 결과에만 초점을 맞춰야 합니다. 보도를 적게 할수록 좋다는 것을 원칙으로 삼아야 합니다."[6]

즉 묻지마 살인에 대해 상세히 보도하면 할수록 범죄를 모방하는 사람이 나올 가능성이 높아진다는 것이다. 이쯤되면 만약 당신이 끔찍한 사건을 자세히 묘사해서 사람들의 생각을 바꿔야 한다고 생각하는 입장이었다 하더라도 믿음이 흔들리는 것을 느낄 것이다.

글을 쓰는 사람들은 언제나 양면적인 역할을 하기 마련이다. 진상을 규명하려는 선의가 대참사를 초래하는 방법을 널리 퍼뜨리는 결과가 되기도 한다. 그런가 하면 폭로를 한답시고 우리가 꺼리거나 두려워하는 능력을 일부 독자들에게 가르쳐주는 사용설명서를 제공하는 꼴이 되기도 한다. 어떻게 이런 딜레마에서 벗어날 것인지는 앞서 본 것처럼 학자들이 이미 충분히 암시했다. 하지만 언론이 알아서 판단하도록 내버려두는 것은 어떨까싶기도 하다. 일례로 1996년 사회학자 얀 필립 렘츠마 Jan Philipp Reemtsma가 납치되었을 당시 언론은 그의 생명이 위태로워질 것을 염려해 사건을 보도하지 않았다. 그처럼 극적인 순간에 선의를 위해 의도적으로 침묵할 줄 아는 것을 본다면 언론의 자율성에 일말의 기대를 가져보는 것도 괜찮지 않을까.

대중의 비난을 찬사로 바꾼 〈빌트〉의 메시지 전달 기법

간혹 비판이 변론이나 선전이 되거나 혹은 찬사로 바뀌는 일도 있다. '인상파'는 19세기 후반에 발달하여 현대 회화에 지대한 영향을 미친 화풍을 일컫는다. 하지만 처음에 "인상파 같으니라고!"라는 말은 욕이나 다름없었다. 화구를 싸들고 야외로 나가 삶의 무상한 순간들을 화폭에 담으려는 화가를 모두들 곱지 않은 시선으로 바라보았다. 바람도 통하지 않고 햇빛도 들지 않는 아틀리에에 틀어박혀 붓을 놀리는 사람만이 진정한 화가로 여겨지던 시절이었으니 당연한 일이었다. 그 당시 미술비평가인 루이 르로이 Louis Leroy 는 프랑스의 풍자신문 〈르 샤리바리 Le Charivari〉지에 '인상파 전시회'라는 제목의 평론을 기고해 모네를 비롯해 그 화풍을 따르는 화가들을 비꼬아 '인상파'라고 불렀다. 모네가 1872년에 그린 '인상, 해돋이'라는 풍경화 제목에서 '인상'이라는 말을 따다가 조롱조로 '인상파'라는 말을 만든 것이었다. 그런데 점차 많은 화가들이 스스로를 그렇게 부르기 시작했고, 곧 그 용어는 긍정적인 의미로 바뀌었다.

경건주의, 형식주의, 발리우드 Bollywood : 뭄바이의 옛 지명인 봄베이와 할리우드의 합성어로 인도의 영화산업을 통칭하는 말-옮긴이 역시 처음에는 이처럼 부정적인 의미로 쓰이다가 나중에 긍정적인 뜻으로 바뀐 경우다.

이런 현상과 비슷한 일이 2011년 독일에서 있었다. 독일의 보수 언론 〈빌트 Bild〉는 유명인에게 자사의 신문을 어떻게 평가하는지 물은 다음 그 답변을 지면에 싣는 광고이벤트를 기획했다. 정말로 '꾸밈없고 솔직한' 생각을 있는 그대로 싣겠다는 약속과 더

불어 유명인들의 참여를 독려할 미끼를 하나 더 던졌다. 바로 설문에 응해준 유명인의 이름으로 본인이 원하는 자선단체에 1만 유로를 기부하겠다는 것이었다.

그러나 독일 록밴드 '비어 진트 헬덴Wir sind Helden'의 여성 보컬리스트 유디트 홀로페르네스 Judith Holofernes는 이 이벤트에 참여해달라는 의뢰를 받고 불편한 심기를 감추지 않았다. 그녀는 곧 광고에이전시에 공개편지를 보냈고 그 글을 밴드의 홈페이지에도 올렸다.[7]

편지는 이렇게 시작한다.

"설마 진심은 아니겠지요? 〈빌트〉의 광고이벤트는 지금껏 접해본 것 중 가장 비열한 것이라고 생각합니다. 〈빌트〉는 위험한 정치적 도구입니다. 혼란의 구렁텅이만 들여다보는 확대경이자, 독일을 묘사하는 것이 아니라 만들어가는 사악한 존재니까요. 어떤 의도를 가지고 말입니다."

그 의도가 무엇인지는 언급되지 않았지만 편지를 읽으면 누구나 그녀가 이벤트에 동참할 마음이 전혀 없음을 눈치챌 수 있을 것이다.

이런 답변에 대응하는 방법은 여러 가지다. 광고에이전시가 홀로페르네스에게 공개편지를 보낼 수도 있었고 〈빌트〉가 유디트의 록밴드를 비방하는 기사를 실을 수도 있었다. 아니면 이벤트에 참여한 유명인들이 많다는 점을 강조하는 머리기사를 실을 수도 있었다. 하지만 〈빌트〉가 선택한 방법은 의외였다. 연예란에 공고문을 실은 것이다. 그 공고문은 신문사의 로고와 "당신의 생각을 키워라!"라는 슬로건 그리고 다음과 같은 글로 짤막하게 이루어져 있었다.

"〈빌트〉는 유디트 홀로페르네스가 무보수로 자신의 솔직한 생각을 전달한 것에 대해 심심한 감사를 표하는 바입니다. 그리고 그녀의 공개편지 한마디 한마디 오자까지에도 고마움을 전합니다."

이어서 〈빌트〉는 진보 성향의 일간지 〈타게스차이퉁*Tageszeitung*〉에도 이 공고문을 게재했다. 〈빌트〉는 자신의 위상을 과시하는 대가로 늘 재정이 쪼들리는 〈타게스차이퉁〉에게 돈을 준 셈이다. 여가수의 공개편지를 자기선전에 이용하고 그것을 정직한 신문으로 정평이 나 있는 〈타게스차이퉁〉에 게재한 것은 분명 비열한 짓이지만 이 일은 격렬한 비난을 긍정적으로 바꿔 오히려 이미지를 개선시킬 수도 있음을 보여준 전형적인 예이기도 하다.

메시지의 양면적 성격에 대해 언급해야 할 중요한 점들은 모두 이야기한 것 같다. 그래서 마지막으로 한 가지만 당부하고 다음 장으로 넘어가려고 한다.

진짜 컨설팅을 받고 싶다면 어떻게 해야 당신이 망할 수 있는지 물어보라

문제점을 개선하기 위해 기업들은 으레 컨설턴트에게 개선 방법에 대한 조언을 묻는다. 하지만 컨설턴트가 아무리 정직한 사람이라 하더라도 우리는 그들이 의뢰인을 위해 최선을 다하지 않는다는 것을 명심해야 한다.

　기업의 취약점을 찾아내어 해결하는 것이 컨설턴트의 관심사인 것은 틀림없다. 하지만 동시에 컨설턴트는 기업의 이익보다 자신의 이익에 더 관심이 많은 것도 사실이다. 그래서 대개는 순전히 자기보존욕구에 따라 기업의 문제점 일부분만을 해결하거나 혹은 곧 다른 문제가 생기도록 조언을 한다. 컨설턴트들에 대한 음모론을 제기하려는 것이 아니라 공급이 끊기지 않게 신경을 쓰는 것이 컨설팅회사와 같은 조직의 생리라는 말을 하고 싶은 것이다. 그러므로 우리가 컨설턴트의 도움을 받을 때는 그들이 해결한 것과 거의 비슷한 만큼의 문제점들을 함께 안겨준다는 것을 명심해야 한다.

　만약 당신이 진짜 제대로 된 컨설팅을 받고 싶다면 묻고 싶은 것과 정반대의 부탁을 하는 것이 바람직하다. 다시 말해 컨설턴트에게 현장의 상황을 신랄하게 비판하면서 동시에 어떻게 하는 것이 사업모델을 망치는 가장 빠른 지름길이 될지 조언해달라고 부탁하는 것이다. 아니면 개인적으로 가장 취약한 점이 무엇인지 물어볼 수도 있다.

《괴짜경제학 Freakonomics》의 저자 스티븐 레빗 Steven Levitt과 스티븐 더브너 Stephen Dubner는 자신들의 블로그에 크라이슬러 chrysler에서 개발한 '클럽 club'이라고 불리는 차량도난방지용 강철봉에 관한 글을 올린 적이 있다. 강철봉은 차를 몰고 달아나지 못하도록 핸들과 브레이크에 연결하여 부착하는 것이다. 그런데 크라이슬러에서 자동차설계사로 근무했던 짐 번스 Jim Burns는 이 강철봉에 얽힌 불편한 진실을 폭로했다. 전체적으로 단단한 강철로 제작되어 절단하기 어려울 것 같지만 핸들 부분은 플라스틱으로 되어 있어 휴대용 쇠톱으로 손쉽게 절단할 수 있다는 사실이 전문 절도범들 사이에서 널리 알려져 있다는 것이다. 전문 절도범들은 일부러 '클럽'으로 안전장치가 되어 있는 자동차를 찾아다니기도 했다. '클럽'은 차량도난을 방지하기는커녕 오히려 절도범들의 관심을 끄는 장치가 되었다.

결국 사태의 심각성을 인지한 크라이슬러 경영진은 승용차의 도난방지 문제에 대한 조언을 전문차량절도범들에게 구했다. 강철봉의 모순점과 자동차의 취약점에 대한 결정적인 조언을 절도범들에게 구한 것은 아이러니하지만, 그 같은 용기를 낸 크라이슬러 경영진의 결단은 존중할 만하다.

이 두 저자는 이 내용을 담은 블로그 글의 끄트머리에 이렇게 적어놓았다.

"자동차 회사가 차량절도범들을 컨설턴트로 고용했다는 사실을 그냥
보고 넘기지 마라. 당신이 사업가라면 당신에게 손해를 주려는 사람들을
고용하고 있는지, 또 당신이 지식인이라면 당신을 욕하는 사람들을 자주
만나는지 한번 생각해볼 일이다."

내가 이 두 사람의 말을 제대로 이해했다면, 책을 쓰는 사람들도 이 말
을 가슴에 새겨야 할 것이다.

How To Think 2

상식과 법칙의 패러독스

때론 통념에 맞서고, 때론 적극 이용하라

판매율을 1,000퍼센트 올린
워스트셀러 리스트의 역설

취리히의 디오게네스^{Diogenes} 출판사 홈페이지에는 '유럽 최대의 순수문학 출판사'라는 문구가 있다. 1952년에 창립된 이 출판사는 지금까지 5,800여 권의 문학작품을 출간해 총 1억 9,000만 부 이상을 팔았다. 2006년, 이 회사의 사장 다니엘 켈$^{Daniel Keel}$이 직원들을 집으로 초대했을 때도 비슷한 숫자가 언급되었을 것이다.

어느 무더운 여름날 직원들은 켈의 집 정원에 앉아 앞으로의 전망과 도서의 매출 등에 대해 대화를 주고받았다. 그때 갑자기 켈이 한 가지 아이디어를 내놓았다. 다음번 신간 안내 책자에는 디오게네스가 출간한 '베스트셀러 10'이 아니라 '워스트셀러 10'을 싣자는 것이었다. '워스트셀러 10'은 지난해 서점에서 먼지만 뽀얗게 쌓였던 10권의 책을 의미했다.

직원들은 아무런 주저나 반대 없이 켈의 의견을 받아들였다. 우선 영업부 직원들이 지난해 가장 판매실적이 저조했던 책을 조사해 10권의 리스트를 만들었다. 단, 여기에는 한 가지 조건이 있었다. 즉 생존 작가의 작품은 워스트셀러 10에 넣지 않는다는 것이었다. 그들을 모욕하지 않기 위해서였다.

'워스트셀러 10'은 대단히 인상적인 결과를 가져왔다. 목록이 발표된 이후 두 자리의 쇄수를 기록할 만큼 판매가 늘어난 것이다. 워스트셀러 1위는 프랭크 오코너_Frank O'Connor_의 《스승들의 이야기_Meistererzählungen_》3쇄였고, 2위에 오른 것은 조지 오웰_George Orwell_의 《고래 뱃속에서_Im Innern des Wale_》8쇄였다. 그리고 윌리엄 포크너_William Faulkner_의 《어둠 속의 침입자_Griff in den Staub_》36쇄가 5위를, 대실 해밋_Dashiell Hammetts_의 《터크 가의 집_Das Haus in der Turk Street_》67쇄이 10위를 차지했다. 그런데 워스트셀러가 발표된 이후 프랭크 오코너의 《스승들의 이야기》는 2년간 판매부수가 연 1,000퍼센트씩 증가했다. 물론 절대수치로 따지자면 2006년에 29권, 2007년에 288권이 팔려나간 것이 전부지만 말이다.

이처럼 때로는 의식적으로 상식과 통념을 깨는 것에서 기발한 아이디어가 나오기도 한다. 그리고 간단한 질문을 몇 가지 제기해보는 것만으로도 판도가 달라질 수 있다. 이 상식과 통념, 법칙들은 어디에서 생겨나는 것인가? 우리에게는 법칙을 만들어내는 성향이 있는가? 그렇다면 법칙은 복잡한 삶을 무탈하게 살아가도록 우리를 이끌어줄 수 있는가? 우리가 한 가지 단순한 법칙을 만들고 매번 똑같이 되풀이한다면 과연 어떤 성과가 있을까?

이런 질문에 지금 해줄 수 있는 간단한 대답은 하나밖에 없다.

이제부터 최대한 간단히 답변을 해보겠다는 것이다.

통념과 관성, 세상을 간단명료하게
인지하려는 본능이 낳은 결과

"세상은 복잡하다. 그렇기 때문에 우리는 세상을 과감하게 단순화시켜야만 살아남을 수 있다."

이 세상에서 살아남기 위한 인간의 생존전략은 이 두 문장으로 축소된다. 이 말이 믿기지 않는 사람은 잠시 책을 내려놓고 밖으로 나가 주변을 살펴보기 바란다. 지나가는 사람들의 얼굴과 차림, 건물의 외관과 벽의 틈새, 그 위를 기어 다니는 파리, 포석의 무늬, 틈새에서 삐죽 자란 풀, 자신의 몸에 느껴지는 감각, 이를테면 살갗에 시원하게 와닿는 바람, 왼쪽 어깨를 조이는 가방끈, 잠깐 스쳐가는 지난날의 기억, 앞날에 대한 막연한 두려움 등 수많은 정보와 감각, 생각들이 곁을 스쳐갈 것이다. 하지만 이 모든 것을 매 순간 아주 사소한 것까지 낱낱이 파악하기란 어려운 일이다. 이는 자극이 양적으로 인지 능력을 압도하기 때문만은 아니다. 한정된 정보를 받아들일 수밖에 없는 인간의 감각기관 탓도 있다. 너무 높거나 낮아서 귀에 들리지 않는 음이 있는가 하면 너무 미세해서 코에 인지되지 않는 냄새도 있으며 적외선같이 눈에 보이지 않는 파장도 있다. 때문에 인간은 세상을 전체가 아니라 단편으로 받아들이며 살아갈 수밖에 없다. 이는 어마어마하게 큰 슈퍼마켓에 갔을 때와 다르지 않다. 아무리 쇼핑카트를 가득 채운다 해도 인간은 그곳에 있는 물건 가운데 지극히 일부분밖에 가져오지 못하지 않는가!

감각기관에 의해 축소된 세상은 아무 의미도, 공통점도 없는 선이나 색 등의 형태로 뇌에 전달되지만, 뇌는 그 퍼즐조각들을 의미 있게 맞추는 작업을 한다. 뇌연구가 게르하르트 로트Gerhard Roth 는 이 과정을 이렇게 설명한다.

"인간이 인지하는 움직임, 색깔, 형태, 공간 등은 외부 세계의 움직임, 파장, 대비, 배치에서 직접적으로 얻어지는 것이 아니라 신경 네트워크의 추론에 의한 산물이다."[1]

그러면 머릿속의 신경 네트워크는 도대체 무엇을 추론하는 것일까? 바로 현실의 상像이다. 그 상이 있어야 인간은 뭔가를 시작할 수 있고 또 살아남을 수 있다. 동시에 그 상은 자아의 형성에 기여하고 살아가는 환경 속에서 중요한 의미를 지니는 또 다른 추론을 이끌어내기도 한다. 무엇을 보고, 듣고, 냄새 맡는지, 인지된 대상과 사람 그리고 사건은 어떤 연관성이 있는지, 어떤 질서가 그 기초를 이루며 또 어떤 법칙이 그 질서를 조성하는지에 대한 끊임없는 의문을 통해 뇌는 명확하게 인식되는 자아와 세계 그리고 그 세계를 지배하는 법칙을 만들어내는 것이다.

인간의 뇌는 적어도 16만 년 전부터 이처럼 추상적이고 무의미한 재료로 뭔가 의미 있는 것을 만들어내도록 진화해왔고, 그 결과 우리는 대비가 존재하지 않는 곳에서도 대비를 찾아낼 수 있는 능력을 갖게 되었다. 마치 구름을 보면서 갖가지 형태를 찾아내는 것처럼 말이다.[2]

뇌는 실제로 아무것도 없는 곳에서조차도 열심히 연관성과 의미를 찾으려 한다. 스위스의 신경심리학자 페터 브루거Peter Brugger에 따르면 이처럼 과도한 의미 추론은 인간이 태곳적에 지녔던 위험 인지방식 탓이라고 한다.[3] 예컨대 야생의 세계에서 즉시 달아나지 않고 무엇이 움직였는지를 생각하다가는 덤불 속에 숨어 있는 호랑이의 밥이 되기 십상이었을 것이다. 그런 신세가 되지 않기 위해 인간은 실제 할 수 있는 것보다 더 많은 것을 인지하는 능력을 길러야 했다. 그리고 이런 능력 덕분에 상황에 주의를 기울이며 의심스러운 위험이 인지되는 즉시 일단 본능적으로 달아나야겠다는 생각을 하게 되었다는 것이 브루거의 견해다. 그는 이렇게 말한다.

"이제 인간은 추상적인 관념 속에서 수많은 패턴을 인식할 수 있게 되었다. 이는 교육 수준과는 무관한 본능이다."

그의 말처럼 이러한 본능 때문에 우리는 부적에 자신의 운명을 바꾸는 힘이 있다고 여기는가 하면, 기도를 신과의 대화로 여기기도 하는 것이다. 그리고 이런 식의 의미 부여는 개인이 세상을 바라보는 단순한 법칙, 자신만의 세계상을 꾸리는 토대가 되기도 한다.

히틀러가 입던 스웨터를 준다면
사람들은 어떤 반응을 보일까?

미국의 심리학자 폴 로진^{Paul Rozin}은 스웨터를 이용한 재미있는 실험을 했다.[4] 그는 피험자에게 깨끗이 세탁한 다른 사람의 스웨터를 입겠느냐고 물었는데, 스웨터의 원래 주인에게 어떤 특성이 덧붙여지는가에 따라 피험자의 대답이 달라졌다.

피험자들은 주인이 괜찮다고 여겨지는 사람이면 전혀 망설이지 않고 스웨터를 입겠다고 대답했다. 반면, 스웨터가 히틀러의 것이었다고 말했을 때는 입기는커녕 만지기도 싫다고 대답했다.

이성적으로 스웨터 같은 무생물이 그 주인의 특성을 다른 사람에게 옮길 리 없다는 사실을 알고 있으면서도 거의 모든 사람이 그 스웨터에 손도 대지 않으려고 한 이유는 그들이 말없는 스웨터에서 대량학살자의 모습을 인식하고 의미를 부여했기 때문이다.

이 같은 개인의 세계상은 상호보완적인 관계를 가진 축소^{reduction}와 구성^{construction}의 과정을 통해 이루어진다고 말할 수 있다. 먼저 복잡한 전체를 작게 분해한 다음 주관적 입장에서 자신에게 의미 있는 방식으로 다시 상황을 짜맞추는 것이다.

이 축소와 구성의 상호작용에는 '기억'이라는 강력한 도구가 이용된다. 이에 대해 로트는 "복잡한 인지 과정에서 기억이야말로 가장 중요한 인지기관"이라고 말한 바 있다.[5] 기억은 첫인상을 비롯하여 개별 대상들의 의미, 삶, 우주 그리고 모든 것[6]을 규명하는 복잡한 모델에 이르기까지 온갖 구성 과정에 필요한 요소들을 제공한다. 기억 속에는 수많은 인상, 느낌, 경험, 사실, 추측 등이 저장된다. 이것들은 다양하게 연계되어 여러 방식으로 서로에게 영향을 주는가 하면 서로 의존하기도 한다. 이 과정에서 기억 역시 축소와 구성이라는 전략을 따른다. 내외부의 자극에 대한 기억의 범위와 복잡성을 축소시키고 중요하고 유용해 보이는 사건에 초점을 맞추기 위해 부수적인 것은 무시하거나 잊게 된다. 또한 감각, 이미지, 느낌, 에피소드, 경험, 행위 등을 그냥 받아들이는 것이 아니라 다양한 방식으로 구성하여 기억한다. 예컨대 뭔가를 잊어버리면 다른 것과 연관된 이야기나, 다른 사람의 체험담으로 그 기억이 메워지는 것이다. 또 긴 과정들이 간단명료한 한순간으로 압축되기도 하고 몇 가지 정보가 제멋대로 조합되기도 한다. 한마디로 뇌는 기억의 도움을 받아 주관적인 형태의 넓은 내부 공간을 만든다. 그리고 그 중심에 '자아'가 위치하게 된다.[7]

자아의 능력과 자유의지는 우리가 세계상의 기초로 삼은 법칙에 따른다. 스위스의 신경심리학자 페터 브루거가 언급한 호랑이를 다시 떠올려보자. 우리는 진화를 거듭해오는 동안 덤불 속에 숨어서 먹잇감을 노리는 맹수들을 피하기 위한 전략을 습득하는 데 대부분의 시간을 보냈다. 그 순간에는 가만히 있을 것인가 아니면 공격을 하거나 도망칠 것인가를 빨리 결정하는 것이 생존을 결정했을 것이다.

그리고 이처럼 신속한 결정을 내리기 위해 기본적으로 전제되는 것은 주변 환경에서 가장 중요한 특징, 즉 한눈에 재빨리 읽을 수 있는 명확한 특징을 인식할 수 있어야 한다는 것이다. 이것이 인간의 뇌가 수천 년간 단순한 패턴으로 사고하고 계획하는 일에 숙달된 이유일 것이다.

재인 휴리스틱,
익숙한 것이 정답이다

인간이 세계상의 기초로 삼은 이 단순화의 법칙은 다양한 방식으로 행동에 영향을 미치며 효과적인 법칙들을 만들어낸다. 이 중하나가 재인 휴리스틱^{recognition heuristic}이다. 이는 자세히 설명할 수는 없지만 분명히 그것을 접한 적이 있는 것 같은 느낌을 말한다.

막스 플랑크 교육 연구소의 소장인 심리학자 게르트 기게렌처
Gert Gigerenzer는 재인 휴리스틱의 효과를 알아보기 위해 경제학자 안드레아스 오르트만^{Andreas Ortmann}과 함께 설문조사를 실시했다.

그들은 100명의 행인에게 주식 리스트를 보여주고 그중 들어본 적이 있는 주식들을 고르게 했다.[8] 그리고 가장 많이 언급된 10개 주식으로 포트폴리오를 짜서 2000년 경제매거진 〈캐피탈

Capital〉이 주최한 주식게임에 참가했다. 게임이 시작되는 순간부터 주식시장은 침체국면이었다. 그럼에도 전문지식이나 정교한 소프트웨어가 아니라 '집단적 무지'에 기반한 기게렌처 팀의 포트폴리오는 2.5퍼센트 상승했다. 반면 〈캐피탈〉지 편집장^{100명의 행인을} ^{전부 합친 것보다 주식에 대해 더 많이 알았던}의 개인 포트폴리오는 18.5퍼센트나 하락했다. 비교를 위해 기게렌처는 포트폴리오를 하나 더 제출했다. 두번째 포트폴리오는 행인들이 가장 낯설다고 꼽은 주식들로 구성되었다. 이 포트폴리오는 〈캐피탈〉지 편집장의 포트폴리오와 피장파장의 결과를 냈다.

또 다른 실험을 보자. 기게렌처는 미국과 독일 대학생들에게 이런 질문을 했다.

"디트로이트와 밀워키 가운데 인구가 많은 곳은 어디일까?"[9]

이 질문에 대해 미국 대학생 3분의 2가 정답을 맞힌 반면 독일 대학생은 전원이 정답을 맞혔다. 여기서도 '들어본 적이 있는데'라는 법칙이 결정적인 역할을 했다. 독일 대학생들의 경우 디트로이트는 알고 있었지만 밀워키는 처음 들어봤다는 단순한 이유로 디트로이트의 인구가 더 많을 것이라는 결론을 내렸다. 반면에 미국 학생들에게는 불완전한 지식이 오히려 화가 되었다. 그들 가운데는 두 도시를 모두 알면서도 정답을 맞히지 못한 학생이 많았다. 독일 학생들처럼 재인 휴리스틱을 사용해서 익숙한 이름을 선택할 수 없었기 때문이다.

신속하고 효율적인 결정에 도움이 되는 이 법칙은 '최선을 취하라 take the best'라는 말과 같다.[10] 다시 말해 어떤 사람이나 대상을 다른 것과 구별 지어주는 특징을 찾는 동시에 그 밖의 것들은 모두 무시함으로써 결정 과정을 단축시키라는 것이다. 우리는 이런 식으로 두 선택안의 차이를 가장 잘 보여주는 것이 무엇인지 찾아낸 다음 이를 토대로 결정을 대부분 옳은 내린다. 때문에 "인간은 단 한 가지의 그럴듯한 이유에 의해 직관적으로 옳은 판단을 내리는 경우가 많다."는 기게렌처의 말은 충분히 수긍할 수 있는 주장이다.[11]

때로 세상은 사실관계가 아닌 믿음으로 움직인다

우리는 세상이 어떻게 돌아가고 우리가 세상과 어떤 관계인지에 대해 단순한 가설을 세운다. 한쪽에 자아가 있고, 그리고 다른 한쪽에 그밖에 모든 것 더불어 다른 사람들 이 있다. 우리는 세상과 분명한 인과관계를 맺고 있으며 어떤 것을 이루고자 하면 먼저 특정한 행동을 해야 한다고 생각한다. 커피를 끓일 때 먼저 커피메이커에 원두커피를 넣은 다음 물을 채우고 버튼을 누르는 것처럼 말이다. 그리고 우리는 자신의 목표에 이르는 길 역시 이처럼 논리적으로

묶인 단계의 사슬로 간주한다. 중간에 좌절을 맛보거나 빙 돌아서 갈 수도 있고 단계를 처음부터 되풀이할지도 모른다. 하지만 그렇게 해야만 앞으로 나아갈 수 있다는 확신은 조금도 달라지지 않는다. 그 확신이 머릿속에 얼마나 깊이 뿌리박혀 있는가는 "스스로 원하기만 하면 뭐든지 할 수 있다!"는 신조가 지배하는 인생관에서 잘 나타난다.

지도층 인사들한테서 이런 인생관을 가진 인물들을 쉽게 찾아볼 수 있다. 그들은 단순히 자기 재능만으로 거대하고 복잡한 구조의 꼭대기에 올라 있는 것이 아니다. 그들이 그곳에 있을 수 있는 또 다른 힘은 자신들이 가진 특별히 강한 자아와 의지에 의해서만 거대한 커피메이커가 작동할 수 있다는 확신 때문이기도 하다. 다국적 대기업에서 갑작스러운 경영진 교체가 이루어지는 순간에 그와 같은 확신이 우리에게 얼마나 당연한 것으로 여겨지는지 여실히 드러난다. 그럴 때는 어지없이 경영진만의 강한 자아가 없으면 기업이 실제로 일 분도 버티지 못할 것처럼 "방향타를 잃었다."는 말이 나오기 때문이다.

이처럼 우리가 개인의 능력과 단순한 법칙의 도움이 있어야만 세상을 만들어갈 수 있다는 생각을 확고하게 지지하고 있다는 것을 보여주는 예는 쉽게 찾아볼 수 있다. 신경심리학자 페터 브루거 역시 신비주의적 성향의 원인과 결과에 대해, 특히 기도의 힘을 확신하고 있는 신자들에 대해 연구하면서 이 점을 지적한 바 있다. 자연과학자가 보기에 기도로 무언가를 이룰 수 있다는 생각은 당연히 비합리적이고 근거 없는 것일 수밖에 없었을 것이다. 하지만 연구를 진행하면서 그의 생각은 조금씩 바뀌었다.

"무교인 사람들은 개인적으로 암환자를 겪어보지 않는 한 스스로 건강을 유지할 수 있다고 확신하지만, 암환자와 접촉을 하는 순간 그들의 낙관주의는 자취를 감췄다. 한편 신앙심이 깊은 사람들은 암환자를 접하고 나서도 아무런 변화도 보이지 않았다. 자신이 무탈하고 병에 걸릴 가능성이 매우 낮다는 믿음에 조금도 흔들림이 없었다. 그것은 기도의 힘과 신에 대한 무한한 신뢰 덕분이었다."

그리고 이에 대해 흥미로운 의견을 내놓았다.

"이제는 자연과학적인 견지에서 봐도 신자들이 실제로 그 믿음을 통해 건강을 유지하는 게 아닌가 생각해볼 필요가 있다."

브루거는 그와 같은 가능성이 충분히 있음을 보여주는 실험연구들이 많이 있다면서 자신도 그런 연구결과에 수긍하는 입장임을 넌지시 내비쳤다.

브루거의 실험 이외에도 이 같은 현상을 연구한 실험들이 있다. 가령 플라세보 효과를 연구해온 사람들은 예외 없이 한결같은 결과, 즉 아무런 효과도 없는 약이 실제로 효능을 나타내는 결과를 얻었다. 가짜약이 효과가 있는 것은 우리 몸의 자가 치유 능력 때문이라는 것이 일반적인 설명이다. 하지만 이 논리에는 결정적인 한 가지가 빠진 듯하다. 왜냐하면 자연과학적으로도 충분히 납득할 수 있는 그 치유 과정의 동기는 우리 몸 자체에 있는 것이 아니라 정신적인 믿음과 법칙에 있기 때문이다. 즉 '이 약이 통증 완화에 도움이 되니까 의사가 나에게 처방해주는 거겠지'라는 믿음 말이다. 그러니까 앞서 브루거의 실험에서 신자들이 건강을 유지할 수 있었던 이유는 어찌 보면 모든 자연과학적 가설에 위배되는, 그들이 세상을 바라보는 자신들만의 단순한 법칙 덕분이었다고 볼 수 있을 것이다.

이처럼 기도가 우리를 더 건강하게 만든다거나 플라세보가 효과적인 약이 된다고 인정할 수 있는 것이라면, 우리가 세상을 바라보는 단순한 법칙이나 믿음은 더 이상 근거 없는 것이 아니라 충분히 근거 있는 것으로 탈바꿈한다. 이와 관련하여 브루거는 다음과 같은 설명을 덧붙였다.

"결국 믿으면 이루어진다는 생각은 다시 패러독스가 된다. 비현실적인 낙관주의가 더 이상 비현실적이지 않기 때문이다."

이 말인즉슨, 우리는 순수하게 주관적인 법칙 기도가 도움이 되고, 약이 효과가 있다는 을 구성한 다음, 그것을 적용시킴 기도하거나 약을 먹음 으로써 원하던 바 건강을 유지하거나 건강해지는 것 를 이룬다는 것이다. 그렇게 해서 모든 자연과학적 이성에 반하여 자신의 목표를 달성할 뿐만 아니라, 처음에 근거가 없는 것 같았던 가정이 옳음을 역으로 입증하는 셈이다.

이것이 거의 모든 것을 조종하는 세상이치에 대한 단순한 설명

모델이다. 그러니까 그냥 무언가 도움이 된다고 믿기만 하면, 정말 도움이 되는 것이다.

애빌린 패러독스, 대세에 순응하려는 성향의 덫

복잡한 것을 축소시키고 단순한 법칙을 구성하며 자기 자신을 독자적인 주체로 정의하는 우리의 능력은 삶을 무사히 영위해나가는 것을 목표로 한다. 여기에서 문득 떠오르는 의문이 한 가지 있다. 자신만의 법칙을 세워 세상을 단순하게 바라보려는 우리의 본능을 100퍼센트 신뢰해도 되는 것인가?

조지워싱턴대학의 경영학 교수였던 제리 하비 Jerry Harvey는《애빌린 패러독스 Abilene Paradox》에서 이런 이야기를 했다.

어느 무더운 여름날 미국 텍사스주의 처갓집을 찾은 제리 하비는 가족들과 함께 베란다에서 도미노 게임을 하고 있었다. 그때 장인이 뜬금없이 말했다.

"우리 애빌린에 가서 저녁이나 먹을까?"

하비 교수는 생각했다.

'이 무더운 날씨에 85킬로미터나 떨어져 있는 애빌린까지 가다니.'

그런데 그의 아내가 선뜻 찬성했다.

"멋진 생각이에요."

하비는 더운 날씨에 그곳까지 차를 타고 가는 것이 내키지 않았다. 하지만 모두 원하는데 혼자 반대하기는 뭣해서 이렇게 말했다.

"좋지. 근데 장모님도 가고 싶으실지 모르겠네."

그러자 장모가 대답했다.

"당연히 가고 싶지. 한동안 에빌린에 못 가봤으니까."

결국 그들은 살인적인 더위 속에서 먼지 날리는 길을 달려 애빌린으로 향했다. 셀프서비스 식당에 도착하고 보니 식사도 형편없었다. 네 시간 후에야 그들은 완전히 지쳐서 집으로 돌아왔다.

하비 교수가 슬쩍 비꼬듯 말했다.

"정말 굉장한 나들이였지요?"

그러자 장모가 퉁명스레 대답했다.

"난 사실 집에 있고 싶었어. 다들 좋다고 하니까 할 수 없이 간 거지."

그러자 하비 교수가 정색을 하며 말했다.

"누군 뭐 좋아서 간 줄 아세요? 가족들의 기분을 맞춰주려고 같이 간 거예요."

이번엔 그의 아내가 투덜거렸다.

"나도 가고 싶지 않았어요. 이런 더위에 외출을 하다니 내가 미쳤지."

결국 장인까지 다들 심심해하는 것 같아서 그런 제안을 했다고 변명을 했다. 그제야 그의 가족은 아무도 나들이를 원하지 않았던 것을 알고 어이없어했다. 네 사람 모두 집에서 편하게 쉬고 싶었지만 다른 사람들을 배려하느라 나들이를 다녀온 것이다.

인간이 나무 위에서 지내거나 야생에서 집단생활을 할 때만 해도 개인 행동을 하지 않는 것이 중요한 생존전략이었을 것이다. 다른 사람들이 이미 수차례 먹어보고 행동하고 말한 그대로 먹고 행동하며 말하는 것이 최선이었다. 죽지 않고 살아 있는 것을 보면 그것이 건강에 치명적인 위협이 되는지 아닌지를 알 수 있었으니까. 마찬가지로 혼자가 아니라 무리를 지어 돌아다니는 것 역시 현명한 일이었다. 그러면 호랑이를 발견하거나 스스로를 지킬 기회가 더 많았기 때문이다. 결국 인간은 오랜 시간에 걸쳐 모든 면에서 다른 사람들을 따라하는 방법이 유리하다는 것을 본능적으로 배운 셈이다.

기게렌처는 저서에서 '올바른 행동 결정법'을 몇 가지 제시하며 이 같은 규칙의 힘을 설명했다. 이를테면 "당신이 속한 집단의 다수가 하는 대로 따라하라."[12]거나 "대열에서 이탈하지 말라."[13]는 것이다. 대세에 순응하는 태도는 개성이 없다는 비판을 받을지 모르겠지만 사실은 인간의 의식 안에 깊이 뿌리박혀 있는 생존전략인 것이다. 하지만 이런 전략은 아무도 원하지 않는 결과를 초래한 앞의 사례처럼 때론 독이 되기도 한다.

법칙에 지나치게 의존하고 있진 않은지
한번쯤 돌아보라

나는 이 책을 쓰기 위해 자료 조사를 하면서 몇몇 사람들에게 이메일로 도움을 요청했다. 그렇게 모은 일화 가운데 하나는 라디오 광고에 관한 것이다.

"어느 광고는 음악소리로 시작되는가 싶더니 갑자기 휴대전화를 라디오에 너무 가까이 두었을 때 흔히 듣게 되는 날카로운 잡음을 내보낸다. 그런 다음 차 안에서는 휴대전화를 꺼야만 안전운전을 할 수 있다고 경고하는 내레이션이 나온다. 거기까지는 좋다. 그런데 실제로 대부분의 운전자들은 광고 속 소음이 들리면 일단 당황하면서 자신의 휴대전화를 손에 들고 어리둥절해한다. '고장났나?'라든가 '내가 뭘 잘못했나?'라고 생각하면서 말이다. 이는 운전자의 주의를 다른 곳으로 돌리게 하기 때문에 매우 위험한 상황을 초래할 수 있다. 한마디로 말해 안전을 위한 광고가 교통사고를 조장하는 셈이다."

패러독스의 덫에 걸리는 것은 자동차기업들도 예외가 아니다. 최근 자동차 산업시장에서는 전기모터를 장착한 자동차 생산을 늘리려 애쓰고 있다. 환경친화적인 에너지를 사용함으로써 유해한 배기가스 배출을 줄일 수 있기 때문이다. 또한 전기모터는 소음이 적다는 장점도 있다. 그런데 바로 이 장점이 문제가 된다. 지나가는 사람들이 전기모터 소리를 거의 듣지 못해서 벤진모터보다 사고 위험이 더 높기 때문이다.[14] 그런 사고를 막기 위해 도요타는 전기모터로 움직이는 자사의 하이브리드 카에 따로 소음발생기를 달기로 했다. 하이브리드 카가 전기모터로 조용히 달리는 동안 모터소리가 나도록 말이다.

앞의 사례들을 보면 '과유불급過猶不及'이라는 사자성어가 떠오른다. 이 예들이 재미있기는 하지만 극단적으로 과장되었다고 말하는 사람이 있을지도 모르겠다. 그런 사람들에게는 실망스럽겠지만, 나는 이렇게 말하고 싶다. 인간은 본래 과하게 행동하는 성향이 있다고 말이다. 그리고 역설적이게도 이런 성향은 하나의 규칙이다. 왜냐하면 단순한 가정을 세워서 줄기차게 적용하는 것이 인간이 습관이기 때문이다. 그렇게 해서 의도했던 것과는 다른 결과에 이르는 것도 어쩔 수가 없다. 정신과 전문의이며 커뮤니케이션 이론가인 파울 바츨라비크Paul Watzlawick는 〈좋은 것의 나쁜 점에 관하여Vom Schlechten des Guten oder Hekates Lösungen〉라는 에세이에서 이런 질문을 했다.[15]

"어떤 해결책이 여러 번 유용한 것으로 거듭 확인되면 다른 문제에까지 적용할 수 있다고 가정하게 된다. 그런데 이 가정만큼이나 논리적으로 보이는 것이 또 있을까?"

없다! 어떤 법칙을 적용해서 성공하게 되면 곧 우리의 뇌가 더없는 행복감으로 보상해주기 때문이다. 이런 메커니즘의 결과 인간은 어떤 법칙이 적합하다고 여겨지는 순간 다시 그 법칙으로 돌아간다. 그리고 이처럼 목표가 뚜렷한 행동과 보상 간의 상호관계는 학습의 중심 요소가 된다. 옳은 행동은 좋은 감정을, 잘못된 행동은 나쁜 감정을 내면에 불러일으킨다. 그러므로 인간이 스스로 세운 단순한 법칙으로 계속 되돌아갈 뿐만 아니라 그 법칙을 과도하게 적용하는 것은 전혀 이상할 것이 없다. 기게렌처 역시 그런 성향이 인간 몸에 배어 있다는 바츨라비크의 주장을 옹호한다.

"인간은 누구나 극대화를 이상으로 여긴다. 정보도 많을수록 좋고 시간도 많을수록 좋다. 선택안도 많을수록 좋고 예측도 많을수록 좋다. 이런 도식이 인간 안에 깊이 뿌리박혀 있지만 이는 옳지 않다."[16]

기게렌처는 단순한 법칙을 계속 적용시키려는 성향이 좋을 수도 있고 나쁠 수도 있다고 생각했다. 그런 반복 성향이 복잡한 세계를 통제하도록 동기를 부여하는 한편 제약 없이 무분별하게 이루어졌을 때는 문제가 될 수도 있기 때문이다. 바츨라비크가 설명하듯이 "어떤 법칙을 계속 적용하는 사람은 결정적인 순간에 양에서 질로 뛰어넘는 역학관계를 간과하게 되고 그것이 전혀 예기치 않은 실수로 이어진다."[17] 해결책이 오히려 문제로 뒤바뀌는 것은 서서히가 아니라 갑작스럽게 일어난다. 그러니까 인간이 쓸쓸한 결말에 이를 때까지 계속 같은 법칙을 되풀이하거나 지나치게 행동하다가 뒤늦게야 잘못을 깨닫는 것은 어찌 보면 당연한 일이다.

주위를 둘러보면 이를 뒷받침해줄 증거들이 무수히 많다. 예컨대 대다수의 기업들은 고객에게 수많은 선택안을 제공한다. 하나의 상품을 이리저리 변형하거나 초콜릿이나 자동차 서비스의 세부 사항을 조금씩 바꾸는 보험 식이다. 기업들은 전략상 단순한 법칙을 따른다. 즉 고객에게 선택안을 많이 줄수록 사랑받는다는 법칙이다. 물론 어느 정도는 맞는 생각이다. 하지만 선택안이 일정한 수에 이르면 오히려 역효과만 낳는다. 심리학자 배리 슈워츠Barry Schwartz는 유명한 저서 《선택의 패러독스The paradox of choice》에서 선택안이 너무 많으면 소비자가 부담을 느낀다는 사실을 설명했다. 더 나아가 그는 과도한 자유가 오히려 역효과를 가져온다고 주장한다.

"사람들에게 지나치게 많은 선택안을 주면 오히려 선택의 자유를 앗아가게 된다. 결정을 내리기가 더 어려워지고 최악의 경우 판단력을 상실한다. 그렇게 되면 선택의 자유가 아예 없는 것이나 마찬가지다."[18]

이 조언을 명심하는 기업이 얼마나 성공하는가를 보여주는 사례가 바로 '애플Apple'이다. 엄밀히 말해 애플이 파는 것은 컴퓨터나 소프트웨어도 아니고 휴대전화나 음악도 아니며 바로 간결함이다. 애플은 사람들이 편하게 느끼는 수만큼의 선택안만 제공하고 있다. 6장 '무위의 패러독스'에서 자세히 살펴보자.

나는 인간의 단순한 처세법칙을 비판하는 동시에 스스로 지나치게 단순해지는 오류를 되풀이하고 싶지는 않다. 나는 그저 그런 법칙의 이중성, 그러니까 단순한 법칙이 도움이 되는 동시에 해가 될 수도 있음을 구체적으로 보여주고 싶을 뿐이다.

다음 페이지의 조언들도 어떤 경우에는 진화가 인간에게 가져다준 법칙을 거스르는 한편 또 어떤 경우에는 그 법칙을 정확히 따르라는 권고로 받아들였으면 한다. 그러니까 단순하게 어느 한쪽으로만 행동하지 말고 연관관계, 기분, 재능, 상황에 따라 판단하라는 것이다.

패러독스
게임의법칙

원하는 것이 있다면 의도적으로 법칙을 깨라

디오게네스 출판사의 '워스트셀러'에 관한 이야기가 기억날 것이다. 그 출판사의 사장이었던 다니엘 켈은 단순하고 보편적인 법칙을 의도적으로 역행했다. 다시 말해 그는 일부러 통념과 정반대로 행동했다. 보통 출판사들은 성과를 과시하는 데 열을 올린다. 베스트셀러를 많이 출간했다고 하면 더 많은 사람들이 책을 살 것이라는 단순한 법칙 때문이다. 반대로 책이 1년에 딱 세 권만 팔렸다고 ^{프랭크 오코너의 책} 알리는 것은 자신과 저자가 무능하다고 비난받을 위험을 감수해야 하는 일이다. 하지만 앞에서 보았듯이 결과는 반드시 그렇지만은 않다. 디오게네스 출판사의 사례는 나쁜 것이 좋은 것으로 바뀔 수도 있음을 보여준다. 우선 세상의 이목을 집중시킨 다음 사람들이 더 자세히 보게 하는 전략인 셈이다. 오코너 책의 판매부수가 급증했다는 사실에서 그 전략이 성공했음을 확실히 알 수 있다. 1,000퍼센트가 증가했다 해도 절대 수치로 보면 288권이 판매된 것에 불과하지만 어쨌든 법칙을 깨뜨림으로써 성과를 올린 것이다.

어떻게 반전을 이끌어낼 것인가

좋은 생각이 떠오르지 않으면 상식을 깨뜨린 사람들에 관한 책을 읽어보라

예전에는 예술가나 저널리스트 같은 사람들만이 자신의 작품을 팔기 위해 다른 사람들의 관심을 끌려고 애썼다. 그러다 인터넷 시대가 도래하면서 누구나 사람들의 관심을 끌어야만 원하는 것을 이루게 되었다. 직업에서든 남녀관계에서든 자신의 목표를 빨리 이루는 고전적인 방법은 단순한 법칙을 깨뜨리는 것이다. 진화사적으로 인간은 의미 있는 습성, 즉 인간 삶에 기본적으로 주어진 익숙한 것새 소리, 자동차 소리, 직장 동료들이 분주하게 일하는 모습 등등에 오래 신경쓰지 않는 습성을 지니고 있다. 그래서 단순한 법칙을 거스르는 예외적 경우에 훨씬 강렬하게 반응한다. 그 예외적인 경우가 위험할 수도 있지만 한편으로는 생각을 바꾸어주기 때문이다.

법칙을 깨기 위한 영감을 어디서 얻는가는 각자의 취향과 목표에 따라 달라진다. 어떤 사람들은 《기네스북The Guinness Book》을 보고1분 동안 햄버거 1,000개 먹기 영감을 얻는가 하면, 또 어떤 사람들은 문학작품미국 작가 어니스트 빈센트 라이트가 1939년에 알파벳 'e'를 하나도 넣지 않고 쓴 《개즈비Gadsby》라는 소설이나 미술사화가 마르셀 뒤샹이 1917년 미술관에 변기를 전시하고 '샘'이라는 제목을 붙인 일에서 자극을 받기도 한다. 한편 '성공적으로 법칙 깨기'라는 법칙을 예술가 못지않게 잘 알고 있을법한 광고 에이전시를 본보기로 삼는 사람도 있을 것이다. 가령 1966년에 나온 어느 캠페인 광고가 이런 유형의 이정표라고 할 수 있다. 당시 독일국영철도는 자신들이 하는 일이 아니라 하지 않는 일을 포스터에 실었다. 포스터에 적힌 문구는 이랬다.

"누구나 날씨를 핑계 삼지만 우리는 그러지 않는다."

이에 관해서는 이 책의 마지막 장에서 'No의 효과'에 대해 알아보며 더 자세히 얘기하기로 하자. 어쨌든 다른 사람들의 관심을 얻으려면 법칙을 깨뜨린 사람들에 관한 책이나 그들의 작품을 보고 자신에게 맞는 전략을 찾아내라. 당신이 그 전략으로 무엇을 하는가는 다른 문제다.

법칙을 위반하는 것이 초래할 이중적인 결과를 고려하라

단순한 법칙을 위반할 경우 인간은 생각보다 더 많은 일을 해내게 된다. 다시 말해 법칙을 깨는 사람은 흔히 다른 사람들 그리고 자기 자신에게 뒤섞인 감정을 불러일으킨다. 한편으로는 모두가 부담스럽다거나 반민주적이라고 느끼는 어떤 법칙을 누군가 깨뜨려서 속이 시원하지만 다른 한편으로는 법칙을 위반한다는 것이 뭔가 불안한 요소를 내포하고 있기 때문이다.

법칙은 믿을만한 것이라는 특성을 지니고 있어서 이를 따르는 것은 우리에게 안전한 느낌을 준다. 그러므로 법칙을 위반하면 기쁘거나 거북한 느낌이 공존하는 경우가 대부분이다. 예컨대 당신이 격식을 차린 만찬장에서 손으로 식사를 한다면 당신을 바라보는 사람들의 표정 역시 양면성을 띨 것이다. 사람들이 당신을 내쫓을지, 아니면 당신을 비웃거나 무시할지는 전후관계나 집단역학 그리고 개개인의 배경에 달려 있다. 어쨌든 사람들이 당신을 기억하리라는 점만은 확실하다. 당신의 목적이 바로 그것이었다면 성공을 축하한다!

이 뒤섞인 감정에 크게 신경쓸 필요는 없다. 그보다는 또 다른 측면이 훨씬 중요하기 때문이다. 즉 사람들은 원칙이 깨뜨려지는 것을 보면서 비로소 그 원칙의 존재를 깨닫게 된다. 이를테면 격식을 차려야 하는 만찬장에 찢어진 청바지를 입고 와서 손으로 음식을 먹는 사람은 역설적으로 다른 사람들에게 예절을 자각시키게 된다. 법칙을 깨뜨림으로써 다시한번 그 법칙을 확인시켜주는 셈이다. 오해를 받을 때가 많긴 하지만 '예외가 법칙을 증명한다'는 말은 예외가 있어야 비로소 법칙의 존재가 입증된다는 의미다. 반대로 예외 없는 법칙은 법칙으로 인식되지 못한다. 그런 법칙과 대비시킬만한 수단이 부족하기 때문이다.

그러므로 당신이 법칙을 위반함으로써 다른 사람들에게 법칙의 존재를 일깨우고 싶다면 예외적인 행동을 해도 상관없다. 하지만 불필요하거나 성가신 법칙을 없애버리는 것이 목적이라면 법칙을 위반하지 말고 아예 피해가는 것이 좋다. 이를테면 법칙과 연관된 틀에서 완전히 벗어나는 것이다. 이를 따르지 않는 사람은 자신의 의도와는 달리 법칙 수호자의 역할을 하게 된다.

도로 위의 무법자가 교통정체를 해소하는 데 도움을 주기도 한다

지금 당신의 차가 꽉 막힌 고속도로를 엉금엉금 기어간다고 가정해보자. 안 그래도 짜증이 나는데 갑자기 다른 차가 오른쪽 갓길을 과속으로 주행하여 당신을 추월한다. "뭐 저런 놈이 다 있어!"라고 욕을 하기 전에 잠시 숨을 가다듬고 그 뻔뻔한 운전자에게 고마워하라. 왜냐고? 바로 그 얌체 운전자가 끔찍한 교통체증을 조금이나마 풀어주기 때문에 그나마 당신이 집에 돌아갈 수 있는 것이다.

스웨덴 우메아대학의 물리학 교수들은 컴퓨터 시뮬레이션으로 두 가지 사실을 알아냈다.[19] 첫째는 교통법규를 지나치게 엄격하게 지키다보면 오히려 도로가 주차장이 되어버릴 수 있다는 것이다. 둘째는 몇몇 사람들이 교통법규를 무시함으로써 그와 같은 정체를 막을 수 있다는 사실이다. 이 물리학자들은 갖가지 복잡한 다이어그램으로 자신들의 주장을 입증했다. 그들의 연구결과 법규를 어기는 사람이 '어느 정도' 있어야 도로정체가 덜했다.

여기서 '어느 정도'라는 말에 주목해야 한다. 법규를 어기는 사람이 너무 많아서는 안 되기 때문이다. 그러므로 당신을 추월한 얌체를 따라하는 사람이 아무도 없으면 당신 또한 얌체가 되어도 괜찮다. 다만 교통경찰에게 걸렸을 경우 스웨덴 물리학자를 옆에 태우고 있으면 도움이 될지도 모르겠다. 그러면 당신이 교통법규를 위반한 이유를 납득시킬 수 있을 테니까.

그래도 대세에 순응하는 사람들에 대한 존경심은 필요하다

법칙을 깨기 위해서는 우선 깨뜨리려는 법칙이 존재해야 한다. 언뜻 별 것 없어 보이지만 조금만 곰곰이 생각해보면 정신이 번쩍 드는 말이다. 이 말을 들으면 인간이 해당 법칙과 불가분의 관계에 있음이 분명해지기 때문이다. 그러니 인간은 이처럼 밀접한 법칙과의 관계를 존중해야 한다. 또 인간이 단순한 법칙을 따르고 지키는 사람들에게 실질적으로 의존하고 있다는 사실도 인정해야 한다. 우리가 패러독스 게임을 할 수 있는 것도 그들 덕분이다. 그런데도 단순한 법칙을 지키는 사람들은 '주류에 편승하는 자'라든가 '대세에 순응하는 멍청이'라는 비난을 받곤 한다. 그런 비난을 하기보다는 대세에 순응하는 사람들이 많은 것을 당연하게 여겨야 한다.

인터넷으로 기사를 읽다보면 가끔 법칙을 위반하는 것이 대세이고 단순한 법칙을 따르는 것이 예외처럼 보일 때가 있다. 그래도 걱정할 필요는 없다. 법칙을 깨는 방법으로 더 이상 사람들의 이목을 끌지 못한다 해도 인식을 바꾸면 그만이니까. 다시 말해 법칙을 위반하는 것을 단순한 법칙으로 여기고, 단순한 법칙을 따르는 것을 새로운 법칙 위반이라고 생각하면 되는 것이다. 조금 복잡하게 들릴지도 모르겠다. 하지만 역설적인 삶의 기술이 애들 장난처럼 쉽다고 말할 사람은 아무도 없을 것이다. 법칙을 깨고자 한다면 그 법칙에 대해 많이 아는 것이 좋다. 많이 알수록 능수능란하게 법칙을 위반할 수 있기 때문이다.

한편 '어쨌든' 남들과 좀 다르기만 하면 그만이라고 생각하는 사람은 모두의 주목을 받아 단기적으로는 성공할지 모른다. 하지만 그런 사람은 자신이 제대로 알지도 못하고 이용한 메커니즘 때문에 낭패를 보기 쉽다. 가령 관련 법규를 잘 알지도 못하면서 자신의 직업과 관련된 비밀을 함부로 떠들고 다니는 사람은 크게 주목을 받는 대신 심각한 법적 분쟁에 휩쓸려 결국 모든 것을 잃을 수도 있다.

당신이 깨고자 하는 법칙에 대해 많이 알고 있으면 또 한 가지 장점이 있다. 다름 아니라 필요한 경우 입장을 바꿔서 당신이 방금 전까지 위반했던 법칙의 수호자로 나설 수 있다는 것이다. 어떻게 그럴까싶겠지만 그런 일은 얼마든지 있다. 한때 반정부 시위에 앞장서던 사람이 유능한 외무부장관으로 변신하거나 ^{오스카 피셔} 펜타곤과 미군사정보국의 컴퓨터 네트워크를 수시로 드나들던 전설적인 해커가 유명한 컴퓨터 보안 컨설팅 회사의 CEO ^{케빈 미트닉}가 된 것처럼 말이다.[20]

법칙을 깨트리고자 할 때는 대단히 신중하라, 도를 넘지 마라

법칙을 위반함으로써 무엇을 성취하려는 사람은 법칙 위반이 하나의 법칙이 되게 해서는 안 된다는 사실을 명심해야 한다. 다시 말해 법칙을 깨는 것이 예외적인 경우로 남아야 한다. 반대로 법칙을 깨는 것이 습관이 되어버리면 그 효과나 파괴력이 사라지면서 별 주목을 받지 못하게 된다. 물론 법칙 위반을 새로운 법칙으로 세울 수도 있다. 하지만 그 순간부터 실제로 법칙을 위반하는 것은 법칙 위반의 법칙을 깨는 것, 즉 원래 법칙을 지키는 것임을 알아야 한다. 머리가 더 복잡해지기 전에 그냥 도를 넘지 말라는 말을 명심하고 다음으로 넘어가자.

진정한 커뮤니케이션을 원한다면 알고 싶지 않은 것부터 물어보라

인터뷰나 대담의 문제점은 진행자들이 빤한 질문을 하는 것에 익숙하다는 점이다. 가령 "How are you?"라는 물음에 배운 대로 "Fine, thank you. And you?"라고 대답하는 식이다. 이처럼 성의 없게 대답하는 것은 솔직하지 못하거나 불친절해서가 아니다. 그보다는 무엇이든 최대한 간단히 끝내는 습관 탓이다. 우리가 하루에도 몇 번씩 똑같은 인사를 주고받는다는 점을 감안하면 공감이 간다. 더구나 솔직한 대답은 안부를 물어오는 사람들과 대부분 아무 상관이 없거나 그들을 당황하게 만들 것이다.

우리의 커뮤니케이션은 틀에 박혀 있다. 특히 자신이 무엇을 하고 무슨 생각을 하는지 하루 종일 질문을 받는 사람이라면 더더욱 그렇다. 정치가나 최고경영자들이 그렇다. 같은 질문을 수천 번도 더 들어서 그런 것도 있지만 자칫 대답을 잘못 했다가는 엄청난 파장을 일으키기 때문에 그들은 말을 아낄 수밖에 없다. 가령 도이치뱅크 전 총재 롤프 브로이어 Rolf Breuer는 2002년 2월 초에 가진 인터뷰에서 레오 키르히 Leo Kirch라는 미디어기업의 신용도에 회의적인 반응을 보인 적이 있다. 결국 그 기업은 도산하고 말았다. 이처럼 정치가나 최고경영자와의 인터뷰는 너무 틀에 박히지 않으면서도 정치적으로 분란의 소지가 없도록 적당한 선을 유지해야 하기 때문에 별다른 내용이 없는 편이다. 말을 잘하기보다는 실언할 가능성이 훨씬 커서 항상 조심해야 하는 상황인 것이다.

남녀관계에서 오가는 대화는 그렇게 파문을 일으킬만한 내용은 없지만 어쨌든 수년을 같이 지내면서 상황에 따라 어떤 식으로 대답하고 반응할지에 대한 관례와 법칙이 형성되기 마련이다. 그래서 우리는 어떤 말로 상대방의 마음을 상하게 하거나 달래줄 수 있는지 잘 알고 있다. 남녀관계가 오래 지속되다보면 자연스럽게 관계를 무너뜨릴만한 질문이나 단정 같은 것을 피하게 된다.

짝을 찾고 싶다면 당신의 약점을 솔직하게 내보여라

전형적인 행동법칙은 개인적인 약점을 내보이지 말라고 조언한다. 이는 특히 짝을 찾을 때 두드러지게 나타난다. 그래서 신체적 약점을 감추기 위해 체중을 몇 킬로그램 줄이고 키는 몇 센티미터 늘려서 말하곤 한다. 그런데 〈네온 Neon〉이라는 월간지는 상식을 깨고 '솔직한 광고'를 싣고 있다. 그 광고에서 짝을 찾는 독자들은 자신의 약점을 솔직하게 털어놓음으로써 법칙 위반의 기술을 시도한다. 바를라비크가 설명한 대로 단점이 지나치게 많으면 장점으로 바뀔 수도 있기를 바라면서 말이다.

예를 들어 〈네온〉에서 이런 광고를 볼 수 있다.

"프란치스카 30세 : 끈기는 나의 장점과 거리가 멀다. 딴 데서 뭔가를 놓칠까봐 한 우물만 파지 못한다."

"알렉산더 27세 : 내게 '뭔가' 부족한 것 같다. 그래서 여자들이 나를 좋아하지 않는다."

"니콜 32세 : 나는 발냄새 때문에 고민이다. 신발을 벗자마자 내 주위에 코를 찌르는 냄새가 진동한다."

"제바스티안 25세 : 사람 만나는 것을 기피해서 3일 내내 외부와의 접촉을 끊고 DVD만 보기도 한다."

광고에 실린 단점이 '진짜'인지 그리고 장점을 내세우는 법칙을 깨는 것이 얼마나 효과적이었는지는 알 수 없다. 하지만 이와 비슷하게 대니

드비토, 마돈나, 아널드 슈워제네거, 로렌스 피시번, 로런 허턴, 새뮤얼 잭슨, 엘턴 존, 에디 머피, 바네사 파라디, 호날두, 스폰지 밥, 크리스토퍼 월컨 등은 일반적인 미의 기준에서 크게 벗어난 단점을 일부러 부각시켜서 자신의 장점으로 바꿨다. 이들은 모두 앞니 사이가 벌어져 있다.

한편 우리 집 앞에 어느 남자가 걸어둔 대형 현수막은 관례를 깨뜨리는 방법에 한계가 없음을 여실히 보여준다. 그 현수막은 방을 내놓거나 구할 경우 전화번호를 뜯어갈 수 있게 제작하는 광고지 모양이었다. 그리고 거기에는 이런 문구가 적혀 있었다.

"내가 잠자리에서 얼마나 형편없는지 직접 겪어보실 분 구합니다!"

HOW TO
Think
3

방해와 명령의
패러독스

무시당하는 것을 참지 못하는 본능을 은밀히 조련하라

하지 말라면 꼭 더 하려드는
한심한 멍청이들

대수롭지 않은 일도 얼마든지 우리를 깊은 고민에 빠뜨릴 수 있다. 몇 글자 안 되는 짧은 문자 때문에 고민하게 되는 일도 있으니 말이다.

'휴대전화 갔음 _ F'

2010년 3월 18일 오후 2시 33분에 F라는 친구가 내게 보낸 문자메시지다. 그 친구는 자신의 휴대전화가 고장났다는 말을 ^{오스트} _{리아 사람들은 '고장났다'는 말 대신에 '갔다'는 표현을 주로 쓴다.} 전하려 했던 것이다. 원래 약속대로 전화를 해봤자 소용없으니 전화하지 말라는 뜻이었다. 하지만 어이없게도 나는 문자를 보자마자 거의 반사적으로 통화버튼을 눌러버렸다. 그리고 계속 이어지는 신호음을 들으며 그제야 문득 의문이 들었다.

'내가 지금 도대체 왜 전화를 걸고 있는 거지?'

마치 유리컵이 테이블에서 떨어질 때 잡을까 말까 고민하지도 않고 거의 반사적으로 손을 뻗는 것과도 같은 행동이었다. 얼마나 어처구니없는 일인가?

신호음이 한참 울리고 나서야 친구가 전화를 받았다. 잡음이 심해 알아들은 말이라고는 그가 큰 소리로 외친 몇 마디뿐이었다. "휴대전화가 고장났다고 문자를 보냈는데 왜 전화를 했냐?"는 것이었다.

나 혼자 바보가 되고 싶지는 않았으므로 다른 사람들도 나처럼 반응하는지 살펴보기로 했다. 그리고 잠시 후 지하철역에서 비슷한 경우를 찾아냈다. 마침 흰색 작업복을 입은 남자 둘이서 외설스러운 낙서로 뒤덮인 승차권 자동발매기를 새로 페인트칠하는 중이었다. 자동발매기에는 '칠 주의!'라는 경고문이 붙어 있었다. 그런데도 끊임없이 누군가 가까이 다가가서는 정말 방금 페인트칠을 마친 상태인지 확인하려는 듯이 손가락으로 자동발매기를 만져보는 것이 아닌가! 작업복을 입은 두 남자에게 그런 일이 얼마나 자주 일어나는지 묻자 이렇게 대답했다.

"경고문을 붙여놓기만 하면 둘 중에 한 명은 꼭 손가락을 대볼 걸요. 한심한 멍청이들!"

나는 한결 가벼워진 마음으로 지하철을 탔다. 나 역시 그 '멍청이들' 중 하나였지만 어쨌든 다수에 속했다. 다들 알다시피 다수에 속하면 아무리 기구한 운명이라도 견딜 힘이 난다.

이와 같은 인간의 습성을 이용하면 손쉽게 아이들이 부모의 말을 잘 듣도록 할 수도 있다. 아이들이 스스로 방을 치우길 바라는 부모들의 일반적인 훈육 방식은 잘 구슬려서 동기부여를 하는 것이다.

"네 방은 혼자 정리할 수 있지? 이제 다 컸잖아!"

하지만 아이들이 냉큼 일어서서 이렇게 신나게 외칠 리는 없지 않은가!

"그럼요. 난 다 컸으니까 그런 일은 얼마든지 할 수 있어요! 보여드릴까요?"

대개 아이들은 부모의 요구에 무관심한 반응을 보인다. 그래서 경험이 많은 부모들은 이렇게 말해보라고 조언하기도 한다.

"아무래도 네가 스스로 5분 안에 방을 치우는 건 무리겠지? 넌 아직 너무 어리잖아!"

자신의 능력을 과소평가하는 말을 들은 아이들은 대부분 재깍 일어나 방을 치운다는 것이다. 그게 아이다운 반응이라고 생각하는가? 그렇다면 정말 그런지 심리학자들에게 물어보라. "너는 잘 할 거야."라는 식의 격려의 말은 아이와 마찬가지로 어른에게도 별로 효과가 없다는 것이 심리학자들의 공통된 의견일 테니 말이다. 보나 마나 하지 못할 거라고 일침을 가해야 비로소 반응을 하기는 어른들도 마찬가지다.

그래서 배우자와 진지하게 대화하지 않으려는 사람에게는 이렇게 말하는 것이 효과적일 수 있다.

"당신하고 중요한 얘기는 못하겠어!"

그러면 왜 자신과 그런 대화를 나눌 수 없는지를 묻는 대신 이렇게 대답하는 사람들이 의외로 많을 것이다.

"내가 뭘 못해!"

자신을 과대평가하는 성향의 빛과 어둠

우리가 "휴대전화가 고장났다!", "칠 주의!", "넌 못해!" 같은 말에 이처럼 역설적으로 반응하는 이유는 무엇일까? 이 기이한 현상을 규명하려면 이 말들이 공통적으로 상대의 능력과 자율성을 인정하지 않는 표현이라는 것에 주목해야 한다. 휴대전화가 고장났다는 문자를 보내는 사람은 상대방이 더 이상 연락할 권한이 없음을 간접적으로 전한다. 또 방금 페인트칠을 했으니 주의하라는 경고문은 행인들에게 가까이 가지 말라는 간접적인 메시지를 전한다. 그런가 하면 상대가 어떤 일을 하지 못할 거라는 말은 상대방의 능력을 아주 대놓고 무시하는 표현이다. 한마디로 이 말들은 모두 상대방의 행동반경을 제한하거나 어떤 상황에 대처하는 능력을 의심하는 것이다.

인간의 자아는 이를 견디지 못한다. 인간은 자신이 무엇이든 스스로 결정할 권한이 있는 주체라고 굳게 확신한다. 언제든 자유롭게 무엇을 할지 결정하고 또 그 계획대로 할 수 있다고 믿는다. 그리고 이런 자기 확신을 지키기 위해 인간의 자아는 단순하지만 아주 효과적인 속임수를 이용한다. 즉 자신의 인격과 능력이 최대한 그럴듯해 보이도록 스스로를 미화하고 속이는 것이다.

자신을 본모습보다 나은 상태로 인지하는 특성은 캐나다 신경외과 전문의 와일더 펜필드 Wilder Penfield의 실험에서 엿볼 수 있다. 펜필드는 간질환자의 뇌에서 어떤 부위가 발작을 일으키는지 알아내기 위해 실험을 했다. 그 과정에서 그는 우연히 팔의 움직임을 관장하는 뇌 부위에 전기 자극을 주게 되었다. 그러자 환자는 자기도 모르게 팔을 움직였다. 펜필드가 왜 팔을 움직였는지 물어보자 환자는 "그러고 싶어서"라고 대답했다.

뇌연구가 게르하르트 로트는 이 현상을 두고 "자아는 스스로에게나 다른 사람에게 떳떳하게 내세울 해명거리를 준비한다."라고 말했다. 이것은 정신분석의 창시자 지그문트 프로이트 Sigmund Freud가 주장했던 중요한 가설이기도 하다. 심리학자 수잔나 니하우스 Susanna Niehaus는 이렇게 말하기도 했다.

"이런 성향이 인간의 삶 전체를 사로잡는다. 인간은 보통 일상적인 상황에서 악의 없는 거짓말과 미화를 통해 자기 자신과 다른 사람의 삶을 더 편안하게 해주는 속임수의 대가로 발전한다."

얼핏 부정적으로 들릴 수 있는 내용이지만 우울증에 걸린 사람들을 보면 이런 자기기만적 성향이 삶을 평탄하게 유지하는 데 얼마나 중요한 역할을 하는지 알 수 있다. 우울증의 원인은 유난히 비관적인 성격 탓이라기보다는 자신을 이상화하는 재능이 부족한 탓이 크다. 그래서 세상과 자신의 인격을 있는 그대로 바라보고 객관적으로 평가하며 점차 자신의 부족한 모습에 집중하게 되는 것이다. 그러나 인간은 이 같은 극단적인 사실주의와는 맞지 않으며 스스로의 모습을 포장하면서 어느 정도 현실을 외면할 줄 알아야 만족감을 얻으며 살아갈 수 있는 존재다.

한편 이 같은 과대평가 능력은 생존에 도움이 되는 동시에 때론 치명적 약점이 되기도 한다. 미국의 심리학자 프랭크 케일Frank Keil은 인간이 어떻게 세상을 해석하며 그 과정에서 어떤 패턴을 따르는지에 대해 수년간 연구했다. 그러고는 인간이 복잡한 이치에 대해 아는 것이 별로 없을 뿐만 아니라 본래 얼마나 무식한지를 깨닫지 못한다는 결론을 내렸다. 2004년에 발표한 연구논문에서 케일은 이렇게 썼다.[1]

"사람들은 자신이 알고 있는 지식의 상세함과 깊이를 과대평가한다."

더불어 인간이 '설명 깊이에 대한 망상Illusion of Explanatory Depth'에 빠져 있다는 용어를 만들어내기도 했다. 그의 연구에서 대부분의 피험자들은 지퍼나 변기, 헬리콥터의 작동방식을 아무 문제없이 설명할 수 있다고 생각했다. 하지만 막상 자세히 설명하라는 요구를 받자 자신감은 온데간데없이 사라졌다. 결국 그들은 자신이 처음 생각했던 것과는 달리 주제에 대해 아는 것이 형편없이 적다는 사실을 인정했다. 자연현상에 대한 지식에 대해서도 피경험자들은 처음에는 낙관적인 태도를 보였지만 무지개, 밀물과 썰물, 지진 등에 대해 설명하려는 순간에야 비로소 자신이 얼마나 아는 것이 없는지를 깨달았다.

케일에 따르면 인간은 특정 영화에 관한 지식이나 피자를 만드는 법이나 어떤 나라의 수도같이 간단한 영역에 대해서는 얼마든지 올바르게 평가하고 설명할 수 있다고 한다. 다만 위의 예처럼 너무 복잡해서 단순한 그림을 그릴 수 없는 내용일 경우에 문제가 발생한다. 그러니까 인간은 상세한 설명을 강요받지 않는 이상 2장에서 말한 단순화 성향에 의존하는 것이다.

우리는 스스로의 능력을 평가할 때도 대단한 확신을 가지고 긍정적인 시각을 유지한다. 캐나다 오타와대학의 심리학과 교수들은 400명의 운전자들을 대상으로 날씨가 나쁠 때 어떻게 운전을 하고 비상브레이크를 밟을 때 어떻게 대처하는지를 조사했다. 더불어 피험자들이 동성의 평균 운전자와 비교해 자신의 사고 확률을 어느 정도로 평가하는지 알아보았는데, 이 설문조사의 결과는 한결같았다. 거의 모든 피험자들이 자신감을 보이며 다른 사람들보다 자기가 더 운전을 잘한다고 생각했다. 특히 비교 대상인 운

전자의 나이가 자기보다 많을수록 자신감이 넘쳤다.[2]

인간이 자기 자신을 과대평가하는 영역은 지식, 능력, 사회적 지위 같은 것에만 국한되지 않는다. 과거의 사건이나 경험 역시 이상적인 모습으로 포장한다. 그리고 이러한 자기 이상화는 기억을 통해 이루어진다.

독일의 일간지 〈디 차이트 *Die Zeit*〉에 별로 달갑지 않은 기억의 역할에 대한 기사가 실린 적이 있다.[3] "인간의 기억은 '기회주의자'다. 자기에게 도움이 되는 것만 받아들이고 부적합하거나 불쾌한 것은 버린다."는 내용이다. 자기 이상화에 기억이 어떤 식으로 관여되는지 잘 보여주는 표현이다.

이처럼 기억은 인간이 실제보다 나은 모습으로 보이도록 끊임없이 사건을 변형하고 재평가한다. 예를 들어 이제 갓 부모가 된 부부에게 아이가 태어난 것이 자신의 주관적 행복감에 어떤 영향을 미쳤는지에 대해 물은 조사에서 다수가 아이가 태어나기 전보다 행복감이 현저하게 줄었다고 답변했다. 하지만 같은 사람들을 대상으로 몇 년 후에 다시 설문조사를 해보니 이번에는 다들 긍정적인 대답만 했다. 저널리스트 제니퍼 시니어 *Jennifer Senior*는 '부모는 왜 부모가 되기 싫어하는가?'라는 제목의 기고문에서 이 현상을 다뤘다.[4]

"아이들이 아팠을 때 나는 새벽 3시까지 아이들과 함께 앉아 TV를 본 적이 있다. 그 당시에는 그다지 즐겁지 않은 일이었다. 하지만 지금은 그때를 돌이켜보며 이렇게 말하곤 한다. '아, 너희들도 우리가 자지 않고 같이 만화를 보던 때가 생각나니?'라고 말이다. 원래 그런 것이다. 별로 유쾌하지 않았던 이야기도 시간이 지나면 아련한 추억이 되곤 한다."

지난 기억을 떠올려보고서야 비로소 느껴지는 행복을 변론하며 시니어는 이렇게 글을 마무리했다.

"기억은 힘든 시기를 금빛으로 미화하는 경이로운 기술을 지녔다. 이 연금술 덕분에 우리가 계속 살아갈 수 있는 것이 아닐까."

그 말처럼 인간은 삶의 주인이 되어 행복을 이어나가기 위해 때때로 힘들었던 과거나 부족한 능력을 그럴듯하게 포장한다. 인간이 스스로를 실제보다 낮게 여겨야만 그런 사람이 될 수도 있으니까 말이다. 여기에 자기 이상화 메커니즘의 심오한 비밀이 있다. 다시 말해 인간은 실제로는 그렇지 못하지만 자신이 더 나은 모습이라고 생각하고, 결국은 그렇게 되어가는 것이다. 물론 필요한 능력과 여건 그리고 운이 맞아떨어지는 경우에 가능한 일이다.

유명한 영국의 시인 윌리엄 어니스트 헨리 William Ernest Henley 의 시에도 이런 생각이 잘 담겨 있다. 1875년 헨리는 결핵성 염증으로 한쪽 다리를 절단하는 수술을 받고 나서 '인빅터스 Invictus : 굴하지 않는다는 뜻'라는 시를 썼다. 그는 이 시에서 고통스러운 삶과 자신을 에워싼 '캄캄한 밤'에 대해 이야기하는 한편 '굴하지 않는 영혼'과 '두려워하지 않는 나'를 노래하면서 자기 자신에 대한 믿음을 확인하고 있다. 이 인상적인 시의 마지막 4행은 이렇다.

그 문이 아무리 좁다 해도
내게 아무리 큰 형벌이 주어져도
나는 내 운명의 주인
나는 내 영혼의 선장[5]

이 시는 지금까지도 많은 사람들에게 불굴의 의지를 심어주고 있다. 종신형을 선고받고 외딴 섬에 27년간 갇혀 있었던 넬슨 만델라 Nelson Mandela 도 이 내용에서 힘을 얻고 동료 수감자들에게 시를 읊어주곤 했다.

물론 인간이 스스로의 행동을 결정할 수 있는 존재라 하더라도 그것이 어떤 결과를 초래할지는 알 수 없는 것이다. 이런 문제에는 성격, 유전자, 정황, 우연, 장소 등 여러 가지 상황이 복잡하게 뒤얽혀 있기 때문이다.

만델라처럼 시 '인빅터스'의 내용을 자신의 신념처럼 여겼지만, 그다지 존경할만한 인물로 여겨지지 않는 티머시 맥베이 Timothy McVeigh 는 부정적인 영향력을 보여준 예가 될 수 있을 것이다. 미 육군 사병으로 제2차 걸프전에 참전했던 맥베이는 1995년 오클라호마 시청사를 폭파시키는 희대의 범죄를 저질렀다. 현장에서 168명이 목숨을 잃었고 800여 명이 부상을 당했다. 맥베이가 극

우파에 동조해서 범죄를 저질렀다는 말도 있지만 진짜 범행 동기는 오늘날까지 밝혀지지 않았다. 그는 사형선고를 받고 결국 형장의 이슬로 사라졌지만 사형이 집행되기 직전에 맥베이 역시 윌리엄 어니스트 헨리의 시 '인빅터스'를 인용해 자신의 시련과 신념에 대한 메시지를 남긴 바 있다.

이처럼 자신의 삶을 스스로 결정할 수 있는 인간의 성향은 어떤 경우에는 나라 전체를 민주화로 이끄는 능력이 되는가 하면, 또 어떤 경우에는 끔찍한 일을 저지르게도 한다. 자신을 과대평가하는 성향 역시 이와 비슷하다. 우리가 어떤 프로젝트에 착수하도록 독려하는, 삶에 반드시 필요한 전제조건이 되는가 하면 한편으로는 우리의 힘으로는 어쩔 수 없는 과정과 결과를 초래하기도 하는 것이다.

감각과 이성의 균형에 도움이 되는 긍정적인 방해의 역할

인간은 자신을 유능하고 자율적인 존재로 여기는 성향이 있다. 하지만 이런 자아 개념은 날마다 갖가지 요인에 의해 방해를 받는다. 이를테면 먹고 자고 마셔야 하는 존재라는 자연의 법칙에 의해, 소원이나 꿈이나 욕구 등을 쫓으면서 접촉하게 되는 타인들에 의해, 또 무능함이나 의구심과 같은 부정적인 감정들에 의해 스스로에 대한 확신이 흔들리곤 한다. 그래서 우리는 자기 확신과 안정성을 확보하기 위해 평생 부단히 노력할 수밖에 없다. 어찌 보면 타고난 본래의 감정 상태를 유지하는 것 자체가 상당히 고된 일이기도 하다.

하지만 끊임없이 우리의 평정심을 흔드는 방해를 말 그대로 '방해'로 받아들여서는 안 된다. 여기서 방해는 어린아이들이 벨을 누르고 도망가는 것과 같이 성가신 장난과 같은 존재가 아닐뿐더러 우리 주위에서 윙윙거리며 집중을 방해하는 귀찮은 파리와 같은 존재도 아니다. 여기서 말하는 방해는 이와는 전혀 다른 기능을 한다. 즉 우리가 감각과 이성을 잃지 않고 삶을 살아가도록 도와주는 것이다. 만약 우리가 아무런 방해도 받지 않는 상황에 오랜 시간 처하게 된다면 어떤 일이 일어날까? 〈인체는 무형의 덩어리 *eine unformige Masse*〉라는 제목의 논문에는 외부의 방해, 그러니까 자극이 얼마나 중요한 역할을 하는지 알려주는 사례가 담겨 있다.[6]

이 논문의 저자들은 만성 질환자를 위해 특수 제작된 매트 위에 건강한 사람들을 눕게 했다. 이 매트에 누우면 아무 방해도 받지 않고 구름 위에 둥둥 떠 있는 기분을 느끼게 되며 욕창도 생기지 않는다. 누구나 바랐을만한 상태였다. 하지만 그처럼 편안할 것만 같은 상태에서 피험자들은 30분도 지나지 않아 이상한 현상을 겪기 시작했다. 몸이 사과만 하게 줄어드는 반면 손과 발은 거대하게 부풀어 오르는 것 같은 느낌을 호소했던 것이다. 몸의 경계가 불분명해지는 동시에 모든 감각이 사라지는 것 같다는 피험자도 있었다. 그뿐만 아니라 방향이나 위치 파악에 어려움을 겪기도 했다.

논문에 따르면 피험자들이 겪은 변화는 다양했지만 그 느낌이 강렬했다는 점만은 모두가 일치했다고 한다. 그 이유는 뇌가 몸이나 자아의 사실적 이미지를 만들어내기 위해서는 몸이 느끼는 실질적인 감각이 필요하기 때문이다. 그런데 이런 감각은 몸이 저항에 부딪히고, 외적으로 방해를 받는 과정에서 비로소 생기게 된다. 방해요소가 제거되면 뇌는 자신의 몸을 형체 없는 괴상한 덩어리로 여기게 되는 것이다.

심리분석가 프리츠 지몬 역시 이 같은 '감각차단sensory deprivation : 자극이 제거된 상태'과 관련된 유사한 실험을 한 적이 있다. 피험자들을 음향이 차단된 캄캄한 방에 들어가게 했는데 얼마 지나지 않아 대부분 이상 증상을 호소하기 시작했다.

"방에 들어간 지 몇 분도 지나지 않아 대부분 환각을 일으키기 시작했다. 각자 자기 나름의 상징적 의미를 지닌 세계로 여행을 떠남으로써 합의된 사실성의 영역을 벗어난 것이다. 그리고 객관적으로 그 방에 없는 것들을 보고 듣기 시작했다. 안과 밖을 구분하지 못했고 정신병자에게서 관찰되는 증상들을 보였다."[7]

물론 이런 실험만으로는 어떤 역학관계 때문에 자아가 방해를 극복하고 다시 이상적 상태로 돌아가는 것인지 알 수 없다. 저명한 정신과 의사 밀턴 에릭슨Milton Erickson은 인간이 자기주장을 하려는 의지를 타고났고 그 덕분에 자아가 방해를 극복하고 이상적 상태로 돌아가는 것이라고 말한다.

"자연은 인간이 끊임없이 발전하기를 원하는 듯하다. 이것이 많은 학자들이 문화와 심리학적 관점에서 인간의 발전사는 한층 자유롭고 순조롭고 진정한 자아실현을 이루려는 노력에 의해 특징지어진다고 주장하는 이유일 것이다."[8]

이렇듯 균형을 이루려는 역학관계는 '자기 조절self-regulation : 일명 '생체항상성'이라고 부른다'이라는 특성에 의해 작용된다. 자기 조절이란 현재의 상황을 이상적 상태와 비교하며 반응하는 시스템인간의 자아와 몸도 여기 속한다의 특성을 가리킨다. 양쪽 상태가 같으면 시스템은 계속 정지되어 있다. 반대로 두 상태가 다르면 그 차이를 없애기 위해 시스템이 작동된다.

가령 제대로 먹지 않아 몸의 상태가 '배부르다'라거나 '만족스럽다'는 이상적 상태와 어긋나면 우리는 허기를 느끼기 시작한다. 배고픈 느낌, 즉 차변과 대변 간에 차이가 있다는 감각 인식은 조절을 위한 행동을 취하게 한다. 그래서 냉장고로 가서 문을 열고 뭔가를 꺼내 먹음으로써 이상적 상태에 이르려는 본능을 보이는 것이다.

이처럼 균형상태를 유지하려는 성향이 인간의 능력과 자율성을 의심하는 말들을 들었을 때 그에 순응하기보다는 반대로 자신의 능력과 자율성을 입증하려는 식으로 반응하는 이유에 대해 조금은 설명해줄 수 있을 것이다. 인간의 자아도 몸과 같은 역학관계에 지배를 받고 있으니 말이다. 방해를 받으면 그 방해요소를 제거하고 다시 평정상태에 이르는 것이 자아의 목표가 된다.

하지만 이 역학관계가 어떻게 그 균형상태에 이를 수 있는지까지 알려주는 것은 아니다. 그렇다면 그 방법을 찾아내는 것은 고스란히 우리의 몫일까? 그렇기도 하고 그렇지 않기도 하다. 이 대답을 좀더 구체적으로 이해하고 싶다면 노천카페에 앉아 행인들을 관찰해보라. 행인들이 부지불식간에 그 답을 줄지도 모르니 말이다.

우리는 자율적인 존재인가
수동적인 존재인가

인간의 자율성은 우리를 둘러싼 타인들, 그러니까 우리가 속해 있는 사회에 의해서도 방해를 받는다. 인간은 누구나 무의식적으로 다른 사람들에게 자신을 맞추는 성향을 지니고 있다. 물리학자이자 수학자인 디르크 헬빙Dirk Helbing은 이 성향이 어떤 결과를 가져오고 또 그 영향력이 얼마나 큰지에 대해 연구한 학자다.

1990년대부터 헬빙은 교통 흐름이나 집단 공황, 보행자의 행동 등에 관심을 갖기 시작했다. 그때까지는 보행자구역에서 일어나는 자기 조직화 self-organization가 얼마나 놀라운 효과를 발휘하는지 아무도 눈여겨보지 않았다. 이 분야에 관심이 있던 헬빙은 지나가는 행인들의 모습을 동영상에 담아 고속 재생시켜보았다. 그러자 인간이 얼마나 현명하고 사려 깊게 서로에게 반응하는지, 보행자구역에서 어떤 형태의 집단지능을 발휘하는지 확연히 눈에 들어왔다. 사람들은 누가 지시하지 않았음에도 서로 같은 방향으로 줄지어 이동했던 것이다.

인간이 오른쪽이나 왼쪽 어느 한 방향으로 줄지어 다니는 행동에는 깊은 의미가 담겨 있다. 이는 시대정신이 요구하는 것 즉 개인주의과는 정반대로 행동해야만, 그러니까 집단의 일부가 되어서 말 그대로 '주류'를 따라야만 이룰 수 있는 목표이기 때문이다.[9]

헬빙의 연구는 또 한 가지 사실을 시사한다. 인간이 집단의 일부일 뿐만 아니라 집단의 행동을 직접 결정하기도 한다는 점이다. 보행자로서 우리는 기본적으로 이웃한 사람들, 즉 앞, 뒤, 옆에 있는 사람들에게만 반응한다. 하지만 이 같은 행동은 서로가 적당히 거리를 유지하면서 다른 사람들의 움직임에 자신을 맞추는 결과를 유도한다. 그리고 구체적인 상황에 따라 속도를 높이거나 줄임으로써 다시 다른 사람들의 행동에 영향을 주는 것이다. 헬빙 같은 학자들은 이를 "개개인 간에 일어나는 '미시적 차원의 상호작용'이 다시 보행자의 이동 흐름을 결정하는 '거시적 차원의 구조'로 연결된다."고 해석한다.

이처럼 우리가 작은 개인에서 큰 집단으로 도약하는 방식을 함축하는 용어는 '창발 emergence'이다. 창발은 여러 개별 요소들이 상호작용을 통해 완전히 새로운 구조로 형성되는 현상을 가리킨다. 개별 요소들 안에서는 그런 구조의 특질을 찾아볼 수 없지만 이 요소들은 분명 새로운 구조의 토대가 된다. 앞의 실험에서 헬빙은 보행자들이 양방향으로 어떻게 이동하는지도 관찰했는데 엄청난 혼란에 빠질 거라는 예상과 달리 사람들은 일종의 스트라이프 패턴을 형성하며 이동하는 모습을 보였다. 이 패턴 안에서는 보행자들이 양방향으로 줄지어 이동하기 때문에 서로 헤치고 지나가느라 멈춰 서지 않아도 되는 것이다.

우리가 다른 사람들에게 자신을 맞추는 동시에 그들에게 영향을 주는 모습은 사실 어디서나 쉽게 관찰할 수 있다. 인간이 사회에 속해 있는 한 어디서건 다른 사람들의 행동이나 움직임을 본뜨고, 또 거꾸로 다른 사람들도 타인들의 자아를 본뜨기 때문이다. 듣기 좋은 소리는 아니겠지만 인간은 끊임없이 서로를 베끼느라 바쁜 셈이다.

그렇다면 이 성향은 우리에게 구체적으로 어떤 영향을 미치는 것일까? 우리를 더 똑똑하게 만드는 것일까, 혹은 더 어리석게 만드는 것일까? 이에 대해 좀더 알아보기 위해 헬빙은 또 다른 실험을 했다.

우선 피험자들이 다양한 사실들을 추측해보게 했다. 이를 위해 스위스의 인구밀도를 비롯하여 이탈리아와 스위스의 국경선 길이, 2006년도 취리히 인구, 스위스의 살인율과 강도사건 수치와 폭행사건 빈도에 이르기까지 다양한 질문이 제시되었다.[10] 일단은 피험자들에게 개별적으로 물어본 다음 그들의 대답을 기록해두었다. 다음에는 피험자들에게 모든 대답의 평균 값과 다른 피험자들이 어떤 답을 했는지 가르쳐주었다. 그리고 정답에 가장 근접한 사람에게 상금을 주겠다는 약속을 했다. 결론적으로 다른 사람들을 따라하거나 서로 협력하는 것은 무의미한 일이었다. 하지만 그럼에도 피험자들은 다른 사람들의 대답을 알자마자 고민에 빠졌다. '내 추측이 왜 다른 사람들의 대답과 차이가 나는 거지? 그들은 내가 전혀 모르는 것을 알고 있는 걸까? 내가 옳다고 어떻게 확신할 수 있지?'

결국 이 실험의 결과는 빤했다. 처음에는 제각각이던 개인들의 추측이 점차 비슷해진 것이다. 피험자들이 다른 사람들의 대답에 대해 더 많이 알게 될수록 비슷한 정도가 심해졌다. 이 피험자들은 함께 의논을 한 것이 아니라 서로 눈치를 본 것이다. 그뿐만이 아니다. 그들은 자기가 점차 비슷하게 맞춘 수치가 정답에 아주 가까울 거라는 확신에 차 있었다. 사람들은 자신의 최종 추측이 다른 사람들의 대답과 일치할 경우 자기의 의견이 맞다고 결론짓기도 했다.

하지만 오히려 처음에 피험자들이 추측해낸 대답이 정답에 가까웠고 그 가운데는 실제로 정답도 있었다. 반면에 다수의 의견과 비슷해진 최종 추측은 거의 완벽한 오답이었다.

자아의 상처를 극복하고 자율성을 회복하려는 메커니즘

그렇다면 헬빙의 연구가 앞서 제기된 문제, 즉 '우리가 자신의 능력과 자율성을 의심하는 말들에 저항하며 이를 입증하려는 식으로 반응하는 이유는 뭘까?'라는 질문의 답을 찾는 데 어떤 도움을 줄 수 있을까? 그의 연구는 인간이 전후 상황에 얼마나 민감하게 반응하는지, 또 특정한 행동을 통해 그 전후 상황에 어떻게 영향을 미치고 영향을 주고 받는지를 보여준다. 그러니까 우리는 오로지 자신의 판단에 의해 행동하는 것도 아니고 오로지 타인의 결정에 따라 행동하는 것도 아닌 것이다.

이 말은 자신이 어떤 일 긍정적이든 부정적이든, 또 공적이든 사적이든의 유일한 원인이라는 책임감으로부터 벗어나게 해준다는 점에서 중요하다. 이를테면 우리의 사적인 관계가 잘 유지되거나 그렇지 못한 것은 자신과 상대방 혹은 상황 탓이라고도 볼 수 있다. 그리고 이 상황은 여러 가지 메커니즘에 의해 좌우된다. 좀 과장하면 어떤 상황에서는 심지어 방의 벽지 무늬가 사적인 관계의 성공 여부를 결정하기도 한다. 그러므로 사생활이나 직업의 성패가 순전히 개인의 의지에 달렸다고 이야기하는 조언서들은 잘못된 방향을 제시한 것이다.

구체적인 전후 상황이 중요한 의미를 지니는 또 다른 이유가 있다. 앞서 이야기한 것처럼 자기 조절의 메커니즘은 자아가 방해를 받은 후 어떻게 평정을 되찾을 수 있는지 그 방법을 제시해주지 않기 때문이다. 배가 고프면, 일단 그 불쾌한 느낌이 다시 사라지게 만들려는 어떻게는 상관이 없다. 충동이 먼저 생긴다. 이때 "넌 못해!"와 같은 말을 듣는 상황이 자아가 나아갈 방향을 제시하고 욕구를 조절할 수 있게 하는 것이다.

지몬은 이를 이렇게 표현했다.

"육체적 욕구는 택시에 올라타선 '어디로 가야 할지는 모르겠지만, 빨리 좀 가주세요!'라고 말하는 승객과도 같다."

육체적 욕구가 승객이라면, 자아는 택시기사와 같은 역할을 하는 셈이다. 어찌 생각하면, 자신의 자주성을 입증하려고 하는 우리의 성향이 이처럼 예견 가능하고 조종 가능하다는 것은 또 하나의 패러독스가 아닐 수 없다.

하지만 자아가 방해를 받음으로써 어떤 해결 불능의 상황에 빠지든 간에 상황이 자아 그 자체에 부정적인 영향을 미치는 것은 아니다. 예를 들어 신음소리를 내거나 한숨을 쉬면서 어떤 자극에 힘껏 반응하는 동안 우리는 중요한 일을 방해받고 있다는 생각을 한다. 하지만 실제로는 그 자극이야말로 우리가 방해받는 일들을 해내도록 매 순간 새롭게 능력을 부여해주는 역할을 한다. 그래서 앞서 말한 것과 같이 누군가 '칠 주의!'라는 경고문을 붙여놓으면 인간은 자율성이 침해당하는 기분을 느끼는 동시에 손가락으로 아직 마르지 않은 페인트를 찍어보거나 불만스럽게 경고문을 바라봄으로써 자율성을 회복하기도 하는 것이다.

미시적 행위의 관점에서 인간의 일상을 살펴보면 방해받지 않거나 반응하지 않거나 반응하지 않아도 되는 순간은 단 한시도 없음을 깨닫게 된다. 그래서 별로 한 일이 없는 것 같은 데도 저녁이 되면 완전히 지친 몸을 소파에 던지게 되는 것도 다 이유가 있는 것이다. 실제로는 하루 동안 아주 많은 일을 했기 때문이다. 우리의 자아를 잘 유지하는 것만으로도 충분히 고된 일일 테니까 말이다.

폐업 문구와 절약 슬로건은 어떻게 소비자의 지갑을 열게 하는가?

독일의 주간지 〈프랑크푸르터 알게마이네 존탁스차이퉁Frankfurter Allgemeine Sonntagszeitung〉은 2010년 아카데미 남우주연상을 수상한 미국의 영화배우 제프 브리지스^{Jeff Bridges}를 인터뷰했다.[11] 인터뷰 후에 기자는 이렇게 썼다.

"그는 61세인 현재 최고의 전성기를 구가하고 있으며 예전보다 더 주목받고 있다."

물론 그는 감독들을 비롯해서 시나리오 작가, 영화 제작자, 투자자에 이르기까지 누구나 욕심을 낼만한 최상의 조건을 갖추고 있는 배우다. 또한 재능 있는 사진가이자 존경할만한 사회의식을 가진 사람이기도 하다. 냉정한 경제학 용어로 표현하면 희소성 있는 '인간 자원'인 셈이다. 당연히 희소성이 있는 것은 귀한 법이다. 브리지스의 말에 의하면 출연 제의가 수없이 쏟아져 들어온다고 한다. 하지만 그는 영화배우라는 직업 탓에 11개월을 떨어져 지내 서운하다는 부인의 토로를 듣고 나서 출연 제의를 모두 고사했다. 그러자 영화 관계자들은 점점 더 열을 올려 출연 제의를 해온다고 한다.

"내가 거절하면 할수록 솔깃한 캐스팅 제의가 더 많이 들어와요. 신기한 일이죠."

남녀관계도 비슷할 때가 많다. 특히 짝사랑인 경우 일방적으로 자기를 좋아하는 사람을 거부할수록 상대방은 더 끈질기게 구애하기 마련이다. 균형의 관점에서 보면 구애자는 구애를 거부당함으로써 자아를 침해받았기 때문에 다시 자아를 안정시켜줄 사람을 필요로 하는 것이다. 그리고 이를 가능하게 해줄 사람은 이 세상에 단 한 명밖에 없다. 제프 브리지스의 거절로 인해 무너진 영화 관계자들의 자존심을 회복시켜줄 사람은 제프 브리지스밖에 없는 것처럼 말이다.

이 현상의 좀더 복잡한 변형은 〈조한 You Don't Mess with the Zohan〉이라는 미국 코미디 영화에서 볼 수 있다. 영화에 등장하는 가전제품 가게에는 '곧 폐업합니다'라고 적힌 플래카드가 걸려 있다.

주인공 조한아담 샌들러 분이 가게 주인에게 묻는다.

"문을 닫으시는 건가요?"

그러자 주인이 대꾸한다.

"천만에요. 그냥 써붙인 거예요. 장사가 좀 잘될까싶어서요."

실제로도 이처럼 곧 폐업할 거라고 으름장을 놓는 것은 효과적인 마케팅전략이다. 이런 문구를 보면 누구나 약간이라도 자극을 받기 때문이다. 상점들은 대부분 '손님이 왕'이라면서 비위를 맞추려 들지만 실제로는 손님을 위협하는 플래카드가 더 효과적인 판매 전략이 될 수 있는 것이다. 이제부터는 상점 주인이 칼자루를 쥐고 있기 때문이다.

곧 폐업한다는 플래카드에 담긴 첫번째 메시지는 이렇다.

"시간이 없습니다. 우리 물건을 사고 싶으면 서두르십시오. 정확히 언제 문을 닫을 거라고 말씀드릴 수 없기 때문에 당장 내일이라도 당신은 닫힌 문 앞에서 안타까워하게 될지 모릅니다."

이 플래카드에 담긴 두번째 메시지도 역시 중요하다.

"어디를 가도 여기만큼 저렴한 물건을 찾기는 힘들 겁니다!"

여러 모로 플래카드는 지나가는 사람들의 자아를 불안하게 만드는 셈이고 그들의 자아가 다시 안정을 찾는 방법은 한 가지뿐이다. 바로 가게로 들어가서 살만한 게 있는지 살펴보는 것이다. 그리고 경험상 알겠지만 대부분은 결국 정말로 뭔가를 구매하게 된다.

줄리아노 라랑 Juliano Laran을 비롯한 3명의 마케팅 교수들은 방해받은 자아가 물건의 소비에 어떻게 영향을 미치는지 알아보기 위해 재밌는 실험을 했다.[12] 그들은 두 가지를 조사하고자 했다. 하나는 특정 브랜드가 고객의 관점에 어떤 영향을 주느냐는 것이고, 또 하나는 각각의 광고 문구가 어떤 작용을 하느냐는 것이다. 조사결과 사람들은 '월마트'같이 저가를 연상시키는 슈퍼마켓의 이름을 들으면 실제로 돈을 적게 지출할 것 같다고 응답했다. 여기까지는 충분히 납득이 간다. 반면 사람들에게 '아껴서 잘살자'라는 월마트의 슬로건을 들려주었을 때는 돈을 아끼기는커녕 훨씬 많이 지출하겠다는 응답이 돌아왔다.

교수들의 설명에 의하면 사람들이 브랜드 이름에는 뭔가를 설득하려는 의도가 담겨 있다고 의식하지 않는 반면 슬로건에는 어떤 행위를 하라는 설득이 담겨 있다고 생각하기 때문에 그런 모순된 행동을 한다고 한다. 다시 말해 사람들은 단순한 광고문구로 마음을 움직이려는 시도를 자율성에 대한 침해로 받아들이기 때문에 정반대로 행동함으로써 자신들의 자율성을 회복하려 하는 것이다. "나를 대체 뭐로 보는 거야? 너희들이 내게 돈을 아끼라고 강요한다면 정반대로 나갈 수밖에!"라는 식이다.

20만 명의 여성이 가슴을 희생하다, 한 성직자의 기도 때문에!

다음 예 역시 아주 흥미롭다. 여자들이 망측한 옷을 입고 다녀서 지진이 일어나는 거라는 이란 성직자 카젬 세디기의 개탄이 이란 국영방송과 AP 등 국제 통신사에 의해 전세계로 전해진 사건이 있었다.

"신께서 내게 사람들을 회개시키라고 하셨다. 왜냐고? 대재앙이 인간을 위협하기 때문이다."

그의 주장을 놓고 말들이 많았다. 그중에서 특히 가장 큰 반향을 불러일으킨 것은 제니퍼 맥라이트라는 미국 여대생의 주장이었다. 〈뉴욕 타임스New York Times〉에 카젬 세디기의 기사가 실린 날, 그녀는 자신의 블로그에 글을 올렸다.[13] 여자들의 부적절한 복장이 지진을 일으킨다는 이란 성직자의 논리가 허무맹랑한 것임을 입증하기 위해 자신의 가슴을 희생하겠다는 내용이었다.

"그렇다면 우리는 그 주장을 과학적으로 검증해봐야 한다. '가슴지진' 캠페인을 벌일 때가 된 것이다. 그래서 4월 26일에 내 옷

중에서 가슴이 가장 깊게 파인 티셔츠를 입을 생각이다. 곧 그의 주장이 근거 있는 것인지 없는 것인지 밝혀질 것이다."

이 제안은 다른 블로그와 미디어 매체를 통해 급속하게 퍼져나 갔다. 곧 페이스북에 페이지가 개설되었고 20만 명의 동조자가 캠페인에 가담했다. '가슴지진' 캠페인의 진원지는 미국 인디애나주의 퍼듀대학 내에 있는 퍼듀벨 탑이었다.[14] 4월 26일이 지나자 맥라이트는 수많은 여자가 부적절한 복장을 해도 지진의 빈도에 별 영향이 없었으므로 이란 성직자의 논리가 틀렸다는 결론을 내렸다. 결국 이슬람 성직자가 깊이 파인 티셔츠를 입거나 아무것도 걸치지 않은 수많은 여성들을 한자리에 모이게 만든 셈이다. 경건한 성직자는 자신의 발언이 가져온 뜻밖의 결과에 어이가 없었을 것이다. 이 역시 방해받은 자아의 불편한 감정을 해소하고 균형상태를 이루려는 메커니즘이 작동한 재밌는 사례다.

이처럼 인간은 요구되는 것과 정반대의 행동을 함으로써 자율적인 주체인 자기 인식을 안정시키고자 한다. 그리고 이런 반응은 이성적인 사고의 결과가 아니다. 그보다는 왜곡된 부분을 수정하려는 무의식적인 반응으로 이해해야 한다.

중요한 것은 이런 인간의 본능을 통해 사람들의 행동을 예측할 수 있을 뿐만 아니라 이를 특정한 목적을 위해 이용할 수도 있다는 것이다. 이제부터 그 방법에 대해 이야기해보자.

상대방에게 동기를 부여하고 싶다면 그 사람을 무시하라

더러 충고에 대해 거부감을 갖는 사람들이 있다. 잘 생각해보면 당연한 일일 수도 있다. 뭔가 더 잘해보라고 충고하는 사람은 지금까지 상대방이 거둔 성과에 만족하지 못한다고 암시하는 셈이니 말이다. 그 충고에는 간접적이지만 분명한 비난이 담겨 있다. 그러므로 충고는 인간의 자아를 방해하고 그에 따라 자아는 원래의 평정 상태로 돌아가려 한다.

앞서 살펴본 것처럼 인간의 자아가 어떤 방법으로 그 상태에 도달하려고 하는가는 구체적인 전후 상황에 의해 결정된다. "넌 정말이지 운동을 더 해야 돼!"라는 충고는 한 개인이 지금까지 살아온 방식을 비난하는 것이나 다름없다. 인간의 자아는 자신의 자율성을 입증하기 위해 충고를 거부하려 하기 때문에 이를 그냥 흘려듣거나 오히려 정반대로 행동하게 된다.

발터 뫼르스Walter Moers의 소설 《엔젤과 크레테Ensel und krete》에도 이 같은 본능이 잘 묘사되어 있다.[15]

"난쟁이 슈톨렌트롤은 손을 마주 흔들며 오누이를 슬픈 표정으로 바라보았다. 엔젤과 크레테가 나무숲 사이로 사라지고 나자 언제 슬펐냐는 듯이 그의 표정이 갑자기 밝아졌다. 그는 풀밭 위에 몸을 길게 뻗고 누웠다. 그러고는 '캐해해' 하고 괴상한 소리를 내며 길고 누런 손톱으로 벌레를 찾아 땅을 파기 시작했다. '아이들은 하라는 대로 안 하고 늘 반대로 하거든…….'"

이 난쟁이의 말에서 유일하게 맞지 않는 것은 아이들만 그런 것이 아니라는 점이다. 말을 조금 늘려서 '아이들을 비롯하여 인간이라는 존재는 모두'라고 해야 맞을 것이다.

나 역시 이 순간 달갑지 않은 충고를 몇 가지 해준답시고 오히려 이 책을 읽고 있는 당신의 반감을 불러일으킬지도 모르겠다. 그래서 바로 'Not 모드'로 바꾸려고 한다. 이 모드의 특징은 부정적인 의견이나 비관적인 예측 등으로 직접적인 충고를 대신하는 것이다. 예를 들면 이런 식으로 말하는 것이다.

"규칙적으로 운동을 하면 건강에 좋기는 하지. 하지만 문제는 그럴 수가 없다는 거야. 적어도 일주일에 두 번은 운동을 해야 한다는데 그럴 시간이 있어야 말이지! 그러지 못하는 사람들의 입장을 충분히 이해해."

안 된다거나 못 한다는 식으로 부정어를 넣은 조언의 결정적인 장점은 인간의 자아를 방해하는 것은 마찬가지지만 "이제 그만 운동 좀 해!"와 같은 최후통첩보다 훨씬 생산적인 자극을 준다는 것이다. 그 이유는 부정적인 표현으로 조언함으로써 상대방에게 두 가지 선택 가능성을 열어주기 때문이다. 첫째, 운동을 시작할 마음이 없거나 시간이 없는 경우 상대방은 우리의 말에 공감하면서 자기처럼 바쁜 사람이 운동을 하는 것은 사실상 불가능한 일이라고 생각할 수 있다. 그러면 우리는 조언을 했고 상대방은 그 조언을 거부했으므로 양쪽 모두 만족한 결과를 얻은 것이다. 한편 상대방에게는 다음처럼 반응할 수 있는 두번째 선택 가능성이 있다. "뭐? 그럴 수가 없다고? 천만에! 절대 불가능한 일이 아니야."라고 큰소리치면서 당장 운동화를 사러 가는 것이다.

하지만 주의하라! 무조건 부정어가 들어간다고 해서 성공하는 것은 아니다. 이를테면 "넘어지지 않게 조심해!"라는 말은 별로 효과가 없다. 그렇게 말하면 상대방의 마음에 실패의 이미지만 불러일으킬 뿐이다.

반면 "너는 똑바로 균형을 유지하면서 평균대 끝까지 가지 못할걸!"과 같은 말은 전혀 다른 효과를 가져올 수도 있을 것이다. 이는 상대방으로 하여금 똑바로 균형을 잡으면서 평균대 위를 걸어가는 모습을 상상하게 만든다. 그러므로 부정어가 들어가는 조언을 할 때는 최대한 자세하게 표현해야 한다. 그래야만 상대방이 당신의 의도대로 행동하기 위해 필요한 정보, 동기부여, 이미지 등을 마련할 수 있기 때문이다.

또한 상대방을 무시하기에 적절한 표현을 찾는 것도 좋은 방법이 될 수 있다. 오해는 금물이다. 진짜 무시하라는 것이 아니라 간접적으로 동기부여를 하기 위해 적절한 표현을 찾아보라는 것이다. 이를테면 상대방에게 다음과 같이 말할 수 있다.

"운동을 못하게 방해하는 것들이 너무 많아서 일주일에 세 번씩 조깅을 하는 것은 꿈도 꾸지 못할 일이야. 그러니 그냥 포기하는 것이 낫지 않을까."

"당장 조깅을 시작한다고 해서 달라지는 것은 아무것도 없어."

"조깅을 하면 뭔가 달라지긴 하겠지만 변화는 훨씬 천천히 나타날 거야. 어쩌면 아주 미미할 수도 있어."

"무리하게 조깅을 하는 것보다는 나중에 천천히 시작하는 편이 나을 거야. 어차피 또 내일의 태양이 뜰 테니까!"

"조깅은 틀림없이 뜻대로 안 될 거야. 얼마 전에 정형외과의에게 들은 이야기인데 그는 조깅하는 사람을 볼 때마다 너무 좋아서 두 손을 비비게 된대. 곧 무릎 통증으로 자신의 병원을 찾을 거라면서."

자신의 배우자에게 싫증을 느끼는 친구를 위로하려면 함께 욕을 하라

이 조언은 '자극 치료provocative therapy'에서 빌려온 것이다. 나는 1999년 〈슈피겔〉지에서 이 치료법을 지지하는 독일 심리학자 엘레오노레 회프너 Eleonore Höfner의 인터뷰 기사를 읽은 적이 있다.[16] 그 기사는 지금까지도 기억에 남아 있을 만큼 인상적이었다. 정신과 의사들이 환자들과 나누는 대화 방법에 대한 통념을 완전히 뒤엎는 내용이었기 때문이다.[17]

일반적으로 우리는 정신과 전문의를 가장 참을성 있는 경청자로 여긴다. 무슨 하소연을 늘어놓든 이해심 깊게 고개를 끄덕이며 메모를 하고 질문을 던진 다음 다시 메모를 해가면서 이런저런 조언을 해주는 사람이 바로 정신과 전문의라고 생각하는 것이다. 하지만 회프너 박사는 그렇지 않았다. 환자가 자신의 배우자에 대한 불만을 늘어놓기 시작하면 의사도 같이 화를 내야 한다는 것이다.

"여자 환자들이 간혹 남편 문제를 들고 와서 이러니저러니 하소연을 하는 경우가 있습니다. 그러면 나는 그런 바보와 같이 살아야 하는 그녀들의 끔찍한 운명을 개탄하면서 불난 집에 부채질을 하죠. 그렇게 한술 더 떠서 화를 내면 어느 순간 그녀들은 자기 남편을 감싸면서 장점을 나열하기 시작합니다. 덕분에 실로 오랜만에 남편에 대해 좋은 말을 하게 되고, 그것이 부부관계에 긍정적인 영향을 미치는 거죠."

이 같은 무례한 행동방식이 빠른 성과를 가져오는 이유에 대해 회프너 박사는 이렇게 설명한다.

"그런 식으로 의사들은 환자의 삶에서 가장 약한 곳을 찾으려고 필사적이 되어야 합니다. 그러면 결정적인 문제가 어디에 있는지 금방 파악할 수 있기 때문이죠."

바로 이런 이유로 우리도 친구의 배우자에 대해 험담을 늘어놓음으로써 친구에게 더 도움을 줄 수도 있을 것이다. 관계 유지에 도움이 되는 배우자의 장점을 찾아내는 것은 우리가 아니라 친구 본인만 할 수 있는 일일 것이다.

애인과 더 열렬히 사랑하고 싶다면 적당히 거리를 두어라

이 말이 시시한 여성지나 남성지에 흔히 실리는 조언이라는 것쯤은 나도 안다. 그럼에도 이 조언을 언급하는 데는 다섯 가지 이유가 있다. 첫째, 이 조언이 여성지나 남성지에 끊임없이 등장하는 것을 보면 틀린 말은 아닐 것이다. 둘째, 불쑥 이런 조언을 꺼내는 것과 몇 가지 기초적인 것을 언급하는 것은 차이가 있다. 셋째, 생각보다 복잡한 일은 구체화하는 것이 좋다. 넷째와 다섯째, 이와 관련해서 한 주간지에 실린 저명한 연애 심리 전문가 위르크 빌리 Jürg Willi의 말을 인용할 수 있다.

빌리는 40년간 심리치료를 하면서 특히 여자들이 파트너와 이상적이고 비현실적인 사랑을 하려는 모습을 많이 보았다. 하지만 이렇게 사랑을 얻으려는 시도는 파트너에게 영향을 줄 수밖에 없다. 빌리는 이렇게 말한다.

"그럴수록 남자는 거부 반응을 보이고 여자를 멀리하게 되죠."

그리고 그럴수록 여자들은 아이러니하게도 남자의 마음을 얻으려고 더 노력한다고 한다.

"자세히 살펴보면 비로소 이해가 갑니다. 바로 남자 쪽의 거부가 여자에게 자신의 사랑을 강렬하게 경험하도록 해주는 셈이죠. 이것은 사실 역설적인 상황입니다. 남자가 사랑을 거부할수록 여자는 그를 더 사랑하니 말입니다. 게다가 여자들은 남자보다 자신이 그에 대해 훨씬 잘 안다고 확신하죠. 이런 사랑은 여자에게 교육적인 과제를 부여하는 경우가 많습니다. 즉 여자는 남자에게 진정한 사랑이 무엇인지 가르쳐주려고 하는 거죠. 남자가 거부해도 여전히 변함없는 것이 진정한 사랑이라는 겁니다."

한편 남자는 여자의 일방적인 사랑을 계속 거부하다가 막상 여자의 마음이 돌아서면 그제야 관심이 생기기 시작한다. 하지만 당신이 짐짓 남

자를 멀리하는 태도를 보임으로써 그의 관심을 얻는다 해도 안심하기에
는 이르다. 당신이 그와 가까워지는 순간 다시 그가 주춤 뒤로 물러날 테
니 말이다. 그렇다고 지금 이 자리에서 당신의 애정관이 옳으니 그르니
평가할 마음은 추호도 없다. 바로 이와 같은 밀고 당기기가 당신이 생각
하는 이상적인 사랑일지도 모르기 때문이다.

보다 나은 삶을 살고 싶다면 당신의 일을 훼방 놓을 방법부터 찾아라

보다 나은 삶을 원하는 사람은 으레 자기 자신에게 수많은 조언을 하
기 마련이다. 그래서 "넌 더 열심히 일해야 해!"라든가 "몸에 좋은 음식
을 더 많이 먹어야 돼!", "더 느긋해져야 해!", "원고를 기한 안에 넘기려
면 이제 본격적으로 글을 써야 해!"라는 식으로 자신에게 말하곤 한다.

하지만 그런 조언은 무의미하다. 누군가에게 충고하는 것은 비생산적
인 일이다. 충고는 상대방을 간접적으로 비난하는 것으로 상대방에게서
정반대의 반응을 끌어낼 뿐이다. 이는 자신의 자아에 있어서도 예외가
아니다. 그러므로 우리는 이를 이용해 새로운 방법을 시도해볼 수 있다.

자, 마음의 준비가 되었다면 종이와 연필을 가져오라. 그리고 종이에
세로로 두 줄을 그어 칸을 셋으로 나눠라. 그다음 당신이 반드시 이루고
자 하는 일을 어떻게 성공적으로 훼방 놓을 수 있을지를 생각해보라. 이
를테면 원고를 끝내거나 집을 수리하거나 삶을 즐기거나 악기 연주를 배
우는 것 또는 금연이나 다이어트 등을 못하게 하려면 어떻게 해야 할까
생각해보는 것이다. 아니, 난감해하지 말고 일단 한번 해보라.

이제 왼쪽 칸에 자신의 목표에 방해가 될만한 것들을 최대한 적는다. 내가 보기에 이런 힌트가 도움이 될 것이다. '일은 제쳐놓고 장시간 인터넷 서핑하기!', '온라인 경매사이트에 자주 들어가기!', '5분마다 이메일 체크하기!', '하루 종일 이 서랍 저 서랍 끄집어내 정리하기!', '두통 때문이라든가 몸이 좀 안 좋아서라고 핑계 대기!', '시작 전에 먼저 긍정적인 사고나 효율적인 관리에 관한 조언서부터 챙기기!', '컴퓨터 게임 한 판 하기!' 등등.

가운데 칸에는 왼쪽의 목록 가운데 당신이 현재 성공적으로 하고 있거나 이미 성공해본 방해 행위가 어떤 것이며, 당신의 목표를 확실하게 이루지 못하도록 어떤 것부터 시작해야 할지 표시하라. 표시는 각자 하고 싶은 식으로 하면 된다. '플립플롭 테크닉 flip-flop technic'으로 불리는 이 방법을 고안해낸 사람들은 자신이 이미 해보았거나 현재 하고 있는 것에는 '성과'라고 표시하고 앞으로 해야 할 것에는 '타깃'이라고 표시하라고 권한다.

이제 이 연습에서 가장 어려운 단계가 남아 있다. 바로 현실로 뛰어드는 것이다. 가운데 칸에 '성과'라고 표시된 부분을 찾아서 그 일을 그만둘 수 있는 개선안을 적어보라. 예컨대 왼쪽 칸에 있는 '5분마다 이메일 체크하기' 옆에 '성과'라고 표시되어 있으면 오른쪽 칸에는 '아침 9시와 저녁 6시에만 이메일 체크하기'라고 적는 것이다. 한편 '타깃'이라고 표시된 경우에는 왼쪽 칸에 적힌 내용을 반대로 바꿔서 오른쪽 칸에 적도록 한다. 가령 왼쪽에 '하루 종일 이 서랍 저 서랍 끄집어내 정리하기'라고 적혀 있으면 이런 식으로 적어 넣는 것이다. '서랍은 살아 있는 생물이 아니다. 그러므로 도움을 청할 수 없다. 내가 지금 서랍을 정리하고 싶다는 충동을 느끼는 것은 내 일을 하지 않기 위한 구실을 찾으려는 시도일 뿐이다. 서랍은 일주일에 한 번만, 그러니까 토요일 오후 2시부터 2시 15분까지만 정리한다. 나머지 시간에는 일에만 집중한다!'

오른쪽 칸을 다 적었으면 어떻게 해야 모든 일을 제대로 할 수 있을지 정확하게 파악하라. 하지만 이처럼 피상적인 형태로는 어떻게 해야 할지 판단하기가 힘들 수 있기 때문에 다음과 같은 방법을 따르는 것이 좋을 것이다. 먼저 각 사항들을 한 가지씩 살펴본 다음 단순한 행동 요구를 정반대로 바꾸는 것이다. 그래야만 우리가 따를 수 있을 테니까. 그래서 나 역시 당신에게 역설적으로 이야기하겠다.

"당신은 해야 할 일의 목록을 작성한 다음 그 모두를 정반대로 바꾸는 일을 절대 해내지 못할 것이다!"

정말 성공하고 싶다면 작정하고 비관주의자가 되는 일도 한번쯤 고려해보라

연극계에 종사한 사람은 평생 그 영향에서 벗어나지 못한다. 연극계만큼 미신을 믿는 사람들이 많이 모인 곳도 없을 것이다. 그래서 불운을 가져온다는 이유로 무대에서 해서는 안 되는 일들이 있다. 휘파람 불기, 먹기, 우산 펴기, 사다리 밑으로 지나가기 등등. 뿐만 아니라 초연에 앞서 "아주 멋진 공연이 될 거야!"라고 다른 사람들에게 용기를 북돋아주는 일도 금기 사항이다. 오히려 배우와 감독은 "잘 안 될 거야!"라는 식의 부정적인 표현을 쓴다. 내가 이런 관례를 언급하는 이유는 그 배경을 알아야만 다음 말이 이해될 것이기 때문이다.

2011년 알핀스키 세계선수권대회에서 독일의 금메달 유망주였던 마리아 리이히Maria Riesch는 회전 경기의 2차 시기를 앞두고 어떤 성적을 올릴 것 같으냐는 질문에 이렇게 대답했다.[18]

"10분의 8초면 적은 격차가 아닙니다. 그렇다고 만회가 불가능한 것은 아니지요."

그녀의 대답은 복잡한 부정문으로 한 번에 세 마리 토끼를 잡은 좋은 예였다. 먼저 이 대답은 지나친 낙관주의를 저지하는 "적은 격차가 아닙니다." 동시에 희망의 여지를 남겼다. "그렇다고 만회가 불가능한 것은 아니지요." 그리고 연극배우들이 말하는 것처럼 미리 잘될 거라고 떠들어서 "악마의 질투를 샀다"는 비난을 들을 염려가 없었다. 다만 그녀가 정확하게 10분의 8초 뒤져서 5위를 차지한 것은 유감이지만 말이다.

고객에게 물건을 팔고 싶으면 그 물건을 사지 말라고 말려라

완벽한 세일즈 상담의 사례라고 하면 흔히 중고차 딜러의 모습을 떠올릴 수 있다. 중고차 딜러는 녹슨 차를 한 대 소개하면서도 고객을 붙잡고 끈질기게 설득한다. 결국 딜러의 유혹에 넘어간 고객은 터무니없이 비싼 가격에 차를 구입한다.

변호사인 한스 요아힘 샤데Hans-Joahim Schade가 만든 '핸드북'에는 의사들이 환자들을 설득하여 환자 본인이 금액을 부담하는 약을 추가로 사도록 하는 방법이 소개되어 있다.[19] 환자에게 본인이 비용을 부담해야 하는 건강보조제를 소개한 다음 그 약을 사지 말라고 말하라는 것이다. 샤데의 의견에 따르면 의사의 전형적인 세일즈 상담은 다음과 같은 식으로 진행되어야 한다.

"환자분에게 그냥 정보를 드리고 싶습니다. 본인 부담이니까 사지는 마십시오! 보험 적용이 안 된답니다. 본인 부담의 건강보조제를 사는 것보다 더 우선적으로 돈이 필요한 곳이 있으시겠지요."

독일 경제전문지 〈브랜드 아인스 *Brand Eins*〉에 소개되었던 이 사례는 친절한 조언처럼 들리는 것이 사실은 그 반대를 노리는 것일 수도 있음을 시사한다.

"의사는 환자가 그런 솔직함에 넘어가 의사를 믿게 되고 결국 약을 살 거라는 계산에서 오히려 사지 말라고 말린다. 나름대로 계산이 있어서 환자의 편을 드는 척하면서 조언을 하는 것이다."

그러므로 다음부터 누가 상냥하게 당신의 팔을 잡고 어떤 것을 사지 말라고 만류하면 그냥 그 사람의 말을 따르라.

동기를 부여하는 말에는 라벨링 전략으로 가능성을 심어라

단어 하나로도 전체 문장의 의미가 달라진다. 예를 들어 "그건 네가 바꿀 수 없어!"라는 말과 "그건 네가 아직 바꿀 수 없어!"라는 말을 비교해보자. 전자의 경우 더 이상 아무 가망도 없는 상태에 처해 있어서 그 상황을 받아들일 수밖에 없다는 인상을 준다. 반면에 후자의 경우 지금으로서는 방법이 없지만 언젠가는 방법이 생길 거라는 여운을 풍긴다. 그러니까 후자의 화자는 그래도 바꿀 수 있는 가능성이 있다는 전망과 스스로의 힘으로 변화를 일궈낼 수 있다는 믿음을 암시하고 있는 셈이다. 이처럼 '아직'이라는 단어를 하나 덧붙임으로써 잠재적인 가능성에 대한 믿음을 전하는 것은 일종의 '라벨링labeling 전략'이다. 제품에 라벨을 붙이듯 상대방에게 어떤 성향이나 태도나 신념 등을 부여하고 그에 합당한 요구를 하는 것이다. 심리학자 만프레드 프리오르Manfred Prior는 자신의 저서에서 라벨링에 대해 언급했다.[20] '문제'는 '아직 해결책을 찾지 못한 것'으로, '바리케이드'는 '아직 길을 찾지 못한 것'으로, '나쁜 성격'은 '아직 좋은 습관으로 바뀌지 못한 것'으로 라벨링함으로써 잠재적 한계를 뛰어넘을 수 있도록 동기를 부여한다는 것이다.

이 전략들을 사용할 때는 상대방이 빠져나갈 여지를 남겨 둬라

지금까지 설명한 전략들을 활용할 때는 상대방이 빠져나갈 구멍을 남겨 놓아야 한다. 상대방이 자아를 침해당하고도 달리 다른 대안이 없어서 불가피하게 예측 가능한 반응을 하게 해서는 안 된다. 그러니까 "3일에 한 번씩 30분간 조깅할 수 없을 거야!"라는 주장에 반드시 "왜 못해? 난 할 수 있어!"라는 대답이 나와야 하는 것은 아니다. "네 말이 맞아. 지금은 불가능해!"라고 당신의 말에 동의할 가능성도 남겨두어야 한다. 상대방에게 그런 가능성을 거의 허용하지 않는 말이 어떤 것인지 알고 싶다면 제5장 '선택의 패러독스'를 읽어보라.

How To Think

4

달콤한 보상의
패러독스

칭찬과 만족에 약한 본능을 이용하라

우리를 유혹하고 방해하고 또다시 유혹하는 마력의 시스템

꽤 오래전에 내 지인이 '게임 데퓨티Game Deputy'라는 프로그램을 자녀들의 컴퓨터에 설치했던 이야기를 들려주었다. 게임 데퓨티는 저속한 영어 단어를 사용하지 못하도록 막아주는 프로그램이다. 그 작동원리는 아주 간단하다. 아이들이 저속한 영어 단어를 입력할 때마다 크게 '삐' 소리를 내서 알려주는 것이다. 그런데 그 프로그램은 부모들이 예상했던 것과는 다른 결과를 가져왔다. 아마 프로그램 개발자도 예상하지 못했을 것이다. 아이들이 저속한 단어를 사용하지 않기는커녕 오히려 그런 단어를 더 많이 입력했던 것이다. 심지어 아이들은 자기가 알고 있는 어휘를 입력하는 것에 만족하지 않고 계속 새로운 단어를 찾아내 끊임없이 삐 소리를 듣고 싶어했다. 소리가 날 때마다 아이들의 방에서는 만족스러운 웃음소리가 들렸다고 한다.

한번은 친구의 아이가 나의 아이에게 그 비슷한 이야기를 하는 것을 우연히 들은 적이 있다. 우연히라기보다 부모는 원래 조건반사적으로 듣지 말아야 할 것에 귀를 기울이기 마련이어서 듣게 된 것이었다. 내가 듣는 줄도 모르고 아이는 아빠에게 영어 학습 소프트웨어를 선물받은 이야기를 시작했다. 아이는 어휘력을 키우고 발음을 연습시켜주는 그 프로그램이 "완전 지루했다."고 말했다.

"한 챕터가 끝나고 나면 완전 유치한 게임만 나와. 근데 얼마 전에 그 게임이 그래도 쓸모가 있다는 것을 알았어. 주어진 문장의 발음을 이렇게 저렇게 시험해보다가 알게 되었지. 비슷하게 들리는 문장이기만 하면 그 발음이 맞다고 소프트웨어가 칭찬을 해주더라고. 프로그램은 내가 '아이 러브 유'라고 따라 말하기를 원했지만 난 다른 말을 했거든. 그런데도 맞는 발음이라고 점수를 주는 거야! '아이 러브 유' 대신에 뭐라고 했냐고? '아이 헤이트 유'라고 했지."

한참 동안 방 안에서 두 아이의 웃음소리가 들려왔다.

히말라야를 맨발로 오르는 것이나 로베르트 무질Robert Musil의 대장편소설《특성 없는 남자Der Mann ohne Eigenschaften》를 끝까지 읽는 것 혹은 초콜릿을 그만 먹는 것 등 당신이 무엇을 생각하든 간에 우리의 보상체계는 항상 주도적인 역할을 한다. 그러므로 보상체계에 대해 더 자세히 알아볼 이유는 충분한 셈이다. 그러다보면 약속을 통해 뭔가를 이루려는 우리의 시도가 앞의 두 가지 예에서 살펴본 것처럼 기대와는 다른 결과를 가져오는 이유를 알게 될 것이다.

아이들이 계속 소프트웨어로 장난을 친 것은 왜일까? 대답은 소프트웨어가 아이들에게 보상을 해주었기 때문이다. 재미있게 삐 소리를 내거나 엉터리 대답에 점수를 주는 식으로 말이다. 이런 형태의 보상이 누구에게나 흡족하고 가치있는 것은 아니지만 어쨌든 그 아이들에게는 만족스러운 보상이었다.

아이들은 뇌가 반응하는 특정한 시스템 때문에 계속해서 장난을 치게 된다. 몇 년 전에야 비로소 연구가 시작된 이러한 뇌의 작동방식은 '도파민성 중변연-중피질계dopaminergic mesolimbic-mesocortical system'라고 명명되고 있다. 명칭이 너무 복잡해 학자들은 '보상체계'나 '동기부여체계'와 같이 친숙한 다른 이름들을 붙이기도 했다. 물론 그런다고 해서 그 내용까지 간단해지는 것은 아니지만 말이다.

이 보상체계의 주요 과제 중 하나는 인간에게 쏟아져 들어오는 자극이 기대치 이상이어서 '예기치 않게 좋음'이라는 꼬리표를 붙여줄만한지를 살펴보는 것이다. 그러니까 저속한 단어를 컴퓨터에 입력했는데 삐 소리가 난다면 그 자극은 적어도 아이들이 보기에는 '예기치 않게 좋은 것'이다. 또 초인종이 울려서 나가보니 반가운 친구들이 서 있었다면 그 역시 '예기치 않게 좋은 것'이다. 그리고 그 결과 뇌에서 보상체계가 작동하여 마약과 유사한 '내인성 오피오이드endogenous opioid'라는 물질이 분비된다. 이 물질은 우리를 만족감, 행복감, 흥분, 편안함 등 갖가지 좋은 느낌에 푹 젖어들게 한다.

하지만 이 행복감에는 구조적 결함이 하나 있다. 바로 일시적이라는 것이다. 소프트웨어에서 나는 삐 소리를 통해 한껏 고조된 감정은 한동안 뇌 속에서 폭풍처럼 휘몰아치다가 어느 순간 다시 가라앉는다. '정상'이나 '일상'이라고 부르는 미지근한 감정 상태로 돌아가게 되는 것이다. 그래서 우리는 곧 다시 현재의 상태에 적응해서 평소처럼 차분히 음료수나 컴퓨터 제품을 구입할 수 있는 평정심을 갖게 된다.

만약 뇌 속에 보상중추라는 것이 없다면 인간은 평생 '평범함'에서 단 한순간도 벗어나지 못할 것이다. 바로 이 보상중추가 행복감이라는 보상을 통해 자동적으로 돌아가는 평범한 상태에 영원히 안주하지 않도록 방해한다. 그럴듯해 보이는 소프트웨어를 이용하거나 1972년식 포르쉐 카레라 RS를 몰아볼 가능성은 물론이고 언젠가 떼돈을 벌거나 명성을 얻으리라는 소망에 의해서도 우리를 앞으로 나아가게 하는 행복한 자극이 유발된다.

뇌에 이러한 자극이 가해지면 보상중추는 도파민을 분비하라는 명령을 내린다. 내인성 오피오이드와 마찬가지로 도파민도 신경전달물질, 즉 전령물질이다. 도파민이 뇌 속에 퍼지면 곧 두 가지 작용이 일어난다. 하나는 보상을 받을 거라는 기대로 가득 차는 것이고, 또 하나는 행복감에 젖어드는 것이다. 이 때문에 흔히들 도파민을 '행복호르

몬'이라고 부르기도 한다. 이 전령물질은 우리가 좀더 많은 보상을 받기 위해 노력하도록 동기를 부여하는 것을 주목적으로 한다. 그래서 도파민은 작업기억 working memory, 즉 기존의 정보를 처리하는 뇌 부위를 활성화시키고 어떻게든 우리의 주의력과 성취능력을 높이려 한다. 뭔가를 이루려면 온힘을 다해야 하므로 이는 당연한 반응일지도 모른다.

당신은 제3장 '방해와 명령의 패러독스'에서 다루었던 인간의 보상체계가 방해와 자기 조절의 원칙을 따르고 있다는 사실을 기억할 것이다. 즉 우리가 뭔가에 의해 마음의 평정을 방해받으면 자기 조절 메커니즘이 작동하여 다시 평정 상태로 돌아가려 하고 이를 위해 어떠한 조치를 취하도록 동기를 부여한다는 원칙 말이다. 보상체계 역시 이와 같은 순환구조에 따라 작동한다. 보상체계는 우리가 어떤 목표를 달성한 것에 대해 보상을 제시함으로써 마음의 평정을 방해한다. 그리고 뇌가 다시 평소와 같은 상태로 돌아가면 또 다른 목표를 이루는 대가로 행복감을 선사하겠다는 약속을 함으로써 우리의 삶이 좀더 나아질 수 있도록 몰아붙이는 것이다.

다시 말해 보상체계는 우리가 평정 상태에 이르고 난 뒤 자칫 빠질 수 있는 무위의 상태를 방해하기 위해 이런 시스템을 작동시킨다고 볼 수 있다. 그렇게 해서 우리는 아무것도 안 하기보다는 적극적으로 나서서 세계를 지배하거나, 새로운 브랜드의 음료수를 마시기 위해 냉장고로 발길을 향하기도 한다. 보상체계는 우리를 유혹하고 보상해주고 다시 방해하고, 또다시 보상하고 유혹한다.

보상시스템의 존재 이유와 이를 조종하려는 문명의 폐해

이메일 사용자라면 누구나 다음과 같이 시작하는 메일을 받아본 경험이 있을 것이다.

"안녕하세요, 믿을만한 지인으로부터 당신의 메일 주소를 받았습니다. 그 지인의 이름을 이 자리에서 밝힐 수는 없을 것 같군요."

그러고는 우리의 보상체계를 작동시키는 구절이 이어진다.

"당신에게 이득이 될만한 사업을 제의하기 위해 이렇게 메일을 보냅니다. 다름 아니라 미화 2,750만 달러를 외국으로 보내는 일입니다. 친절하게 도움을 주시면 답례로 그 돈의 15퍼센트를 드리겠습니다. 15퍼센트면 정확히 412만 5,000달러세금 공제 전니까 상당히 많은 액수랍니다. 관심이 있으시면 이메일로 연락주세요. 제니퍼 한스 박사, 한스 그룹 유한회사, 케이프타운 스트랜드가 47번지."

이처럼 속셈이 빤한 이메일은 주의를 끌지 못하고 바로 스팸메일함으로 직행할 거라고 생각하겠지만 현실은 그렇지 않다. 독일 시사주간지 〈슈피겔〉이 보도한 기사에 따르면, "영국의 소비자보호청은 매년 300만 명 이상의 시민이 사기 메일에 속고 있으며 그 피해액이 무려 40억 유로가 넘는 것으로 추정한다."고 한다.[1] 심리학자 스티븐 그린스펀Stephen Greenspan은 이와 관련해 이렇게 언급했다. 그린스펀은 다른 사람의 말을 쉽게 믿어버리는 현상에 대해 연구했다.

"사기꾼들은 '교활한 심리학자'나 다름없으며 '탐욕, 두려움, 쾌락, 연민'과 같이 가장 강력한 동기로 사람들의 마음을 움직인다."

하지만 여기에 '기대되는 보상'이라는 동기도 추가해야 맞을 것이다. 그린스펀은 도파민의 위력에 대해 이렇게 말했다.

"쉽게 남의 말에 속아 넘어가는 사람이라고 해서 모두 멍청이는 아닙니다."[2]

사람들이 멍청해서 속는다기보다는 자신의 보상체계에 의해 판단력이 흐려지면서 불합리한 행동을 하는 것이라 보는 것이 맞을 것이다. 보상체계가 제시하는 달콤한 유혹은 너무나 강력해서 아무리 똑똑한 사람도 걸려들 수밖에 없다. 실제로 심리학자인 그린스펀조차도 도파민의 위력에서 벗어나지 못했다. 그는 500억 달러의 개인 투자금을 횡령한 혐의로 150년 형을 선고받은 미국의 금융사기꾼 버나드 메이도프Bernard Madoff에게 보기 좋게 당한 적이 있다.

어쨌든 다시 본론으로 돌아가서 우리가 열망하던 대상을 손에 넣으면, 예컨대 포르쉐에 앉아 처음으로 운전대를 잡으면 도파민은 자극과 관련된 경험을 기억 속에 간직하게 해준다. 떠올릴 때마다 영원히 행복감을 느낄 수 있는 원천을 찾아내고도 나중에 기억을 못한다면 얼마나 안타깝겠는가? 우리가 행복했던 추억을 특별히 잘 기억하는 것은 도파민 덕분이다.

그러나 영리하게도 보상체계는 긍정적인 사건과 부정적인 사건을 구별하지 않는다. 사건이 충분히 자극적이기만 하면 그만인 것이다. 신경과학자 니콜라이 악스마허Nikolai Axmacher는 간단한 예를 들어 이 같은 현상을 설명한다.[3]

"여느 아침과 다름없이 출근하는 길에 커피를 사들고 컴퓨터 앞에 앉아 일을 시작하는 장면을 떠올려보라. 이처럼 일상적인 장면을 나중에 세세한 부분까지 기억해낼 가능성은 매우 희박하다. 반면에 누가 커피를 사다주었다거나 바지에 커피를 쏟았다면 훨씬 뚜렷하게 기억에 남을 것이다. 긍정적인 사건인지 부정적인 사건인지는 상관없다. 인간이 얼마나 기억하는가는 그 사건으로 얼마나 놀라느냐에 달려 있다. 놀라는 강도가 강할수록 도파민이 더 많이 분비되어 저장이 더 잘되기 때문이다."

이처럼 비일상적인 사건이 특히 기억에 많이 남는 것은 중요한 의미를 지닌다. 그 기억을 바탕으로 부정적인 사건은 피할 수 있게 해주고 커피와 바지 긍정적인 사건은 다시 일어나도록 노력하게 한다. ^{누가 커피를 사주는 것.} 이 과정을 통해 보상체계는 인간의 학습을 가능하게 한다. 그리고 우리가 더 높은 목표를 달성하도록 한다. 다시 말해 진화적으로 의미 있는 일, 아이디어, 행동, 성취, 경험 등에 대해 보상을 약속함으로써 평범함 혹은 평정 상태로부터 벗어나게 하는 것이다. 예를 들어 '배가 고파서 음식을 먹는 행위'에는 단순히 혈중 글루코스 농도가 떨어지는 것뿐만 아니라 보상체계도 중요한 역할을 하는데, 이는 음식을 먹는 것이 생존에 매우 중요한 의미를 지니기 때문이다. 음식이 좋은 느낌으로 보상해주리라는 약속을 함으로써 우리의 평정 상태를 방해하는 것이다. 동시에 음식을 섭취하거나 구하는 과정이 삶의 중요한 행위로 우리의 기억에 남게 해 생존을 도모하는 역할도 한다.

음식을 먹는 것 외에 생존에 기초적이거나 삶에 없어서는 안 된다고 여겨지는 모든 행위와 체험도 마찬가지다. 가령 섹스에서 경험하는 행복감이나 그에 대한 기대감은 분명 좋은 것이지만 이는 사실 목적을 위한 수단에 불과하다. 그 목적은 인류가 멸종하지 않게 하는 것이다. 이런 자연의 원칙을 무효화시킨 것, 즉 우리가 원하면 본래의 목적^{번식}을 배제하고 그 보상^{섹스}만을 얻을 수 있게 된 것은 문명이 이룬 성과다.

그러나 이런 성과에는 달갑지 않은 이면이 있다. 우리가 자연적인 방법, 즉 방해와 평정의 순환 과정보다 더 빠르고 편한 방법으로 보상에 이를 수 있음을 터득한 것이다. 이를테면 알코올, 니

코틴, 코카인, 헤로인 같은 물질을 이용하는 방법 말이다. 그런 물질이 몸 안에 들어오자마자 뇌의 도파민 농도가 급상승한다. 그렇게 기분은 최고조가 되지만 우리의 힘으로 제어하지 못하는 치명적인 메커니즘 역시 작동된다. 그럴 수밖에 없는 두 가지 이유가 있다.

첫째는 병적인 행복감을 일으키는 전령물질에 대한 뇌의 민감도가 갈수록 저하되고 그로 인해 약물의 투여량을 자꾸 늘려야만 똑같은 쾌감을 다시 느낄 수 있기 때문이다. 불행의 악순환이 시작되는 것이다. ^{마약중독자들을 보라.} 둘째는 도파민이 인간 사회에 긍정적인 영향을 미치는 순수한 행복만을 추구하지는 않기 때문이다.[4]

연구결과 사이코패스는 감정이입능력이 결여되었다기보다는 보상중추에 도파민이 범람해서 범죄를 저지르는 것이라고 한다. 그들은 자신의 행동이 자기 자신을 비롯해 다른 사람들에게 해가 된다는 것을 잘 알면서도 자신의 욕구와 보상중추를 충족시키려는 내면의 충동에 강하게 사로잡힌 나머지 어떤 처벌도 두려워하지 않게 된 것이다. 보상중추의 작동 과정에는 행복해질 거라는 약속과 더불어 엄청난 위험성이 공존하는 셈이다. 그러니 자기 자신이나 타인의 보상중추를 조종하고자 하는 사람이라면 결코 만만하지 않은 기관을 상대해야 한다는 점을 명심해야 한다. 마약중독자들의 슬픈 운명을 보면 이것이 결코 과장된 경고가 아님을 알 것이다.

세상을 관통하는
이프 – 덴 게임의 법칙

이제부터는 이 챕터의 핵심 문제, 즉 '우리가 역설적으로 반응을 하는 것이 보상체계와 관계가 있을까?'라는 문제에 대해 알아보기로 하자.

보상체계는 인간의 태도, 전략, 활동 등에 영향을 미치며 우리가 뭔가를 기억하고 배우도록 장려한다. 한편 최악의 경우에는 이성을 마비시키기도 한다. 사실 우리는 오래전부터 보상에 대한 기대가 인간을 어떻게 움직이는지를 본능적으로 알고 있었다. 그래서 우리는 다른 사람들에게 어떤 매혹적인 것을 약속하고 그들이 우리가 원하는 대로 하도록 조종하기도 한다. "공부를 열심히 해서 좋은 점수를 받아오렴. 그러면 장난감도 사주고 용돈도 올려줄게."라고 말하며 자녀를 교육시키는 부모들이나, "당신의 호화로운 삶에 나를 받아주세요. 그 대가로 당신의 섹스 상대가 되어줄게요."라고 말하는 이성들 그리고 "집안 살림과 아이들을 맡아줘. 그러면 돈 걱정은 안 하게 해줄게."라는 식의 부부 사이의 거래가 성사되기도 하는 것처럼 말이다.

주위를 자세히 둘러보면 거의 모든 영역에서 이런 식의 '이프-덴 게임'을 관찰할 수 있다. 이를테면 정당들은 매번 불가능해 보이는 선거 공약을 내세운다. 물론 선거에서의 승패는 귀가 솔깃한 공약보다는 다른 것들에 의해 좌우된다. 그렇지만 선거전에서 유권자들에게 뇌의 도파민 분비를 강화하고 마음의 평정을 되찾게 해주겠다고 가장 믿음직스럽게 약속한 정당으로 기억되는 것이 바로 모든 정당의 핵심 과제라는 사실에는 변함이 없다.

한편 기업들도 유능한 사원을 채용하기 위해 긴장감 넘치는 도전과 영예로운 승리로 가득한 세계를 약속한다. 예를 들어 어느 다국적 컨설팅회사의 사원모집 광고는 이런 식이다.

"당신은 '경험이 풍부한 신입사원'으로서 지극히 고무적인 근무 환경에서 당신만의 노하우를 개발할 수 있습니다. 또한 국제적인 차원의 중대한 결정에 참여함으로써 고객들이 지향하는 바에 지속적으로 영향을 미칠 수도 있습니다."[5]

그런가 하면 교육학자들은 부모에게 아이들이 동기를 부여받고 즐거움을 느낄 수 있는 분위기에서 공부를 하게 해주는 것이 중요함을 거듭 강조한다. 그런 식으로 보상해야만 아이들이 좋은 성적을 받고 지식에 대한 호기심을 키울 수 있다는 것이다. 뿐만 아니라 요란한 콜라 광고를 비롯하여 신문이나 자동차 광고에 이르기까지 광고 문구에는 상품을 취했을 경우 얻을 수 있는 행복한 보상에 대한 암시적 약속이 가득하다.

만약 자극과 보상으로 구성된 게임이 매번 지금까지의 설명대로만 진행된다면 이 책을 여기서 끝내야 할지도 모르겠다. 하지만 게임의 구체적인 결과들은 복잡하고 예측하기 힘든 경우가 대부분이다. 오히려 원하는 결과를 얻기는커녕 역효과를 초래할 수도 있다. 때문에 보상체계를 이용하고자 하는 사람들은 자기 자신이나 다른 사람들이 무엇에 유혹되는지를 알아냈다고 생각되는 경우에도 그것을 온전히 믿어서는 안 된다. 왜냐하면 우리가 처해지는 상황이 늘 유동적이기 때문이다.

예컨대 일주일 동안 누워 있어야 하는 병에 걸리기만 해도 우리는 자신에게 무엇이 우선인가에 대해 골똘히 생각해보게 된다. 전날까지는 수입이 좋은 직업이 최고의 관심사였는데 이제는 다시 건강해질 거라는 의사의 약속이 가장 중요해진다. 그러나 곧 병이 나으면 커리어가 다시 가장 중대한 관심사가 될 것이다. 이처럼 상황은 늘 끊임없이 변화하며 순간마다 새롭게 정의된다.

또한 무엇을 보상으로 여길지에 대한 기준이 개인마다 다르다는 것도 보상체계가 초래할 결과를 예상하기 어렵게 한다. 남들에게는 아무런 가치도 없는 것이 누군가에게는 값진 보상이 되고, 남들이 생각지도 않는 것들을 해볼만하다고 여기는 사람들도 있다.

당신을 잠시 우리 집 욕실로 안내하겠다. 욕실에는 새 전동칫솔의 무선신호를 수신하고 분석할 수 있는 조그만 타이머가 있다. 전동칫솔을 켜고 나서 타이머의 작은 디스플레이를 보면 얼마 동안 이를 닦았는지 알 수 있다. 이를 닦기 시작한 지 정확히 2분이 되면 디스플레이에 스마일 아이콘이 나타난다. 그리고 1분을 더

닦으면 스마일 아이콘의 뺨에 보조개가 생기고, 또 1분 후에는 잘 했다는 듯 윙크를 한다. 간파하기 쉬운 보상시스템인 셈이다. 물론 그 시스템에는 아무도 생각하지 못했을법한 인센티브가 몇 가지 더 준비되어 있긴 하다.

얼마 전 나는 아이들이 칫솔 2개를 동시에 켜서 세면대에 올려 두는 모습을 우연히 보게 되었다. 아이들은 2개의 전동칫솔이 동시에 무선신호를 보내게 해서 타이머를 골탕 먹일 심산이었다. 디스플레이에 희한한 기호들이 나타났다가 이내 사라지더니 디지털 숫자들이 깜박거렸다. 정말 재미있기는 했다. 아이들 덕분에 나는 작동중인 칫솔 하나를 옆방에 가져가면 타이머를 가장 멋지게 골탕 먹일 수 있다는 것도 알게 되었다. 프로그래머들은 벽을 뚫고 들어오는 무선신호가 어떤 결과를 빚어내는지는 예상하지 못했을 것이다. 그리고 의미 없는 디지털 기호와 여러 표정의 스마일 아이콘으로 보상받음으로써 또다시 자극받는 아이들의 호기심도 예상하지 못했을 것이다.

다른 사람들에게 동기를 부여하기 위해 복잡한 방식을 고안할 때는 이처럼 그들이 그 방식에서 의도하지 않은 보상을 찾아낼 수도 있다는 사실을 염두에 두어야 한다. 이프-덴 게임의 본질적인 부분이 인간의 의식에서 벗어나 있다거나 바람, 장소, 전후 사정, 분위기 등은 늘 변하기 마련이라는 사실 때문에 보상체계는 저마다 다른 것을 넣거나 꺼낼 수 있는 일종의 요술주머니와도 같다.

그렇다면 잘못된 보상체계가 초래한 결과에 대한 책임은 누구에게 있는 것일까? 세계 최대의 회계법인 PwC가 발표한 논문을 보면 "경제적 불법행위의 원인은 가해자 개인에게만 있는 것이 아니다. 기업 특유의 요인들도 범행을 부추겼다고 할 수 있다."고 나와 있다.[6] 그 논문에 의하면 기업문화를 비롯해 계약이나 보상 원칙에 구체적으로 숨겨진 자극이 그런 요인들에 속한다고 한다. 그렇다고 해서 범죄에 대한 책임을 온전히 회사에만 떠넘기고 직원들은 아무 잘못이 없다고 할 수는 없다. 손바닥도 마주쳐야 소리가 난다고 하지 않는가. 옳지 않은 결과를 초래하는 보상시스템 역시 상대방이 보낸 신호를 읽고 기억하는 파트너가 있었기에 일어날 수 있는 일이다.

동정받고 싶어 아이를 아프게 만드는 잔혹한 엄마의 심리

인간은 고통스러운 문제에서 '숨겨진 이익'을 끌어내는 능력이 있다.[7] 그리고 바로 이런 이익이 있어야만 우리는 문제가 주는 괴로움을 견디며 극복하고자 노력하는 동기를 가질 수 있을 것이다. 그러므로 어떤 고통스러운 문제를 해결하는 첫 단계는 바로 문제에 숨겨진 달콤한 이익을 찾아내는 것이다. 직장에서 승진하지 못하는 문제를 예로 들어보자. 대개 이 상황에서 문제를 해결하지 못하는 것은 본인의 태도에 원인이 있다. 이를테면 가족과 충분한 시간을 보내거나 가정의 평화를 지키는 것을 더 중요하게 생각해 굳이 승진을 위해 일에 많은 시간을 쓰려고 하지 않는다는 것이다. 만약 우리가 진정으로 어떤 문제를 해결하고 싶다면 불쾌한 일을 견디는 것뿐만 아니라 가치 있고 좋아하는 일까지 포기해야 할 것이다. 아마도 이 때문에 쉽게 행복을 얻으려는 유혹에서 그토록 벗어나기 힘든 것인지도 모르겠다.

숨겨진 이익에 대한 기대는 때로 '대리 뮌히하우젠 증후군 Münchhausen Syndrome by Proxy' 같은 극단적인 행동을 불러오기도 한다. 이 용어는 자기 아이가 아픈 것처럼 속이거나 의도적으로 아프게 만드는 어머니들의 행동을 가리킨다. 그런 어머니들은 자기 아이에게 보살핌이 필요하다는 것을 보여주기 위해 아이의 소변에 피를 섞는가 하면, 아이들을 아프게 하는 물질다량의 소금 등을 먹이기도 한다.[8] 그들이 보상을 얻기 위해 이용하는 전략이 충격적이긴 하지만 한편으로는 그 보상이 얼마나 매력적일지 이해할 수 있을 것 같기도 하다. 병든 아이를 둔 부모는 세상 사람들의 관심과 온정을 받을 수 있기 때문이다. 이런 종류의 보상을 추구하는 부모들은 대개 인격장애를 겪고 있으며 어린 시절에 정신적이거나 육체적 폭력을 경험한 경우가 많다.

그렇다고 해서 이처럼 잘못된 방법으로 보상을 얻으려는 행위가 환자에게만 해당되는 주제라고 생각해서는 곤란하다. 인간은 누구나 이러한 유혹에서 자유롭지 못하다. 특히 남녀관계에서 비슷한 현상을 볼 수 있다. 주변을 보면 의외로 증오에 의한 애착의 형태로 관계를 유지하는 커플들이 적지 않은데 이런 애착관계의 특성은 한쪽이 다른 한쪽을 증오하기 때문에 그 곁을 떠나지 않는다는 것이다. 얼핏 보면 역설적인 상황인 것 같지만 좀더 깊이 들여다보면 그렇지도 않다. 가령 남자에게 학대당하는 여자가 그의 곁을 떠나지 않는 이유는 그 같은 행위가 특정한 만족감을 주기 때문이다. 예컨대 복수를 하거나 가해자를 책임전가의 대상으로 이용하는 것처럼 말이다.[9] 매번 격렬하게 싸우는 커플이 구체적으로 어떤 이유에서 헤어지지 않고 관계를 유지하는지는 이 같은 보상체계로 설명이 가능하다.

대리 뮌히하우젠 증후군에 걸린 사람들도 자기 아이를 아프게 만듦으로써 '완벽한 어머니'라는 이상을 좇을 수 있을 뿐만 아니라 자신의 능력을 개발하고 입증할 기회를 얻는 것에서 만족감을 느낀다. 그래서 헌신적인 부모로 보이기 위해 자기 아이를 학대하며 비싼 그들 눈에는 그렇게 비싸 보이지 않겠지만 대가를 치르는 것이다.

그래서 우리는 다른 사람들을 유혹하고 조종할 수 있으며 언제든 그들의 행동을 예측할 수 있다는 오만한 생각을 버려야 한다. 그렇지 않으면 본래 계획되어 있지 않았던 대개 부정적인 결과를 초래하기도 하기 때문이다.

단기적 성과를 보상의 척도로 삼는
인센티브 제도의 폐해

다음의 예도 바로 그런 경우다. 경제학자 호르스트 지베르트 Horst Siebert의 저서에는 이른바 '코브라 효과'라고 불리는 사례가 소개되어 있다.[10]

"영국의 식민통치를 받던 인도에서는 한동안 코브라가 너무 많아 골치였다. 그래서 총독은 코브라를 잡아오는 사람에게 포상금을 주기로 했다. 인도 사람들이 코브라 사냥에 열을 올리도록 말이다. 그런데 인도 사람들의 반응은 어땠을까? 그들은 포상금을 받기 위해 코브라를 키우기 시작했다!"

호르스트 지베르트는 2009년에 세상을 떠났다. 하지만 그가 살아 있었다면 최근의 금융위기를 보며 분석의 즐거움을 실컷 누렸을 것이다. 왜냐하면 마치 코브라 효과처럼 대부분의 기업에서 임원들에게 적용하는 보상체계가 오히려 금융위기를 초래하는 데 결정적인 역할을 했기 때문이다.

대개 임원들은 고정급 외에 특별수당을 지급받는다. 특별수당의 액수는 실적에 따라 달라진다. 실적이 좋으면 보너스도 많아지고 실적이 나쁘면 보너스도 적어지는 것이다. 글로벌 컨설팅업체 타워스 왓슨 Towers Watson의 조사에 따르면 2008년 그리스, 룩셈부르크, 브라질 같은 나라에서는 경영진이 적어도 월급의 50퍼센트 이상되는 보너스를 지급받았다. 독일의 경우 최고 매니저급에게 주어지는 보너스는 기본급의 35퍼센트 수준이었으며, 미국은 최소 45퍼센트 이상이었다.

얼핏 보너스 시스템은 합리적으로 보일 수 있다. 경영진이 최고의 성과를 거둘 수 있도록 보상을 약속하는데 누가 반대를 하겠는가? 특히 이처럼 특수한 경우라면 더더욱 그렇다. 그런데 보너스의 액수가 단기적인 성과에 따라 달라졌다는 것이 문제였다. 경영진이 단기적인 실적을 올리기에만 급급하게 된 것이다. 10년 후의 일은 모른 척하고 당장의 기업가치를 끌어올리는 데만 신경을 쓰는가 하면 스스로 판단하기에 중요하지 않다는 이유로 중장기적인 전략을 무시해버리기도 했다. 말하자면 이프-덴 게임이 아주 탁월하게 기능을 발휘한 셈이었다.

물론 금융위기를 이 메커니즘 탓으로만 돌리는 것은 옳지 않다. 하지만 약속이 어떤 메커니즘을 작동시키고 또 어떻게 다른 요인들과 더불어 위기를 불러오는지에 대해서만큼은 이 사례가 확실하게 보여주고 있다. 그런데 무엇보다 정말 염려스러운 것은 부정적인 결과를 가져온 선례가 있음에도 불구하고 이런 보너스 시스템이 여전히 팽배하게 이루어지고 있다는 것이다. 예나 지금이나 단기적인 성과가 우선시되어 평가되기는 마찬가지고 경영진이 물러난 후에야 비판이 시작되는 것도 여전하다.

보상체계를 통제하려 하지 말고
세심하고 신중하게 설계하라

한편 소외된 사람들을 교육시키고 격려하기 위한 프로그램들처럼 공익적이고 긍정적인 목표를 갖고 추진된 보상체계 안에서도 단기적 보너스 체계와 유사하게 예상치 못한 부정적 결과가 초래되기도 한다. 흑인 작가이자 미국의 인종문제 전문가인 셸비 스틸Shelby Steele은 일간지 〈쥐트도이췌 차이퉁〉과의 인터뷰에서 "당신이라면 유색인에게 대학의 문턱을 낮춰주는 등의 소수집단 우대 정책을 철회하겠는가?"라는 질문을 받고 이렇게 답했다.

"그렇다. 빠르면 빠를수록 좋다. 뭐든 공짜로 받는다면 일해서 손에 넣는 법을 어떻게 배우겠는가? 경쟁을 하도록 자극을 주고 뭔가를 요구하며, 또 그 대가를 제공해주어라! 정부는 사람들을 돕기는커녕 약하게만 만드는 법안을 계속 내놓는다. 그들이 왜 나아지지 않느냐고? 나아질 이유가 없기 때문이다. 약해질수록 더 많은 것을 받으므로 굳이 나아질 필요가 없다."

물론 셸비 스틸이 과도한 보상체계의 치명적 결과에 대해 올바른 이야기를 한 것은 맞지만 한편으로는 상황을 다소 단편적으로 파악한 경향도 있다. 한 가지 예를 더 보자.

저널리스트이자 작가인 랜들 피츠제럴드Randall Fitzgerald가 1988년에 출간한 책에는 미크로네시아의 역사 이야기가 소개되어 있다.[11]

태평양 서북부에 위치한 인구 15만의 이 섬나라는 1947년부터 1985년까지 미화로 약 24억 달러의 개발원조금을 받았다. 그 결과 농업생산량이 50퍼센트 이상 감소한 반면 식량수입은 5배나 증가했다. 한마디로 그곳 사람들은 남이 주는 기부금에 전적으로 의존해서 살아가게 된 것이다. 미크로네시아의 행정장관인 하우로 윌터Hauro Willter는 모든 책임을 미국 정부에 전가시키려고 했다. 미국 정부가 섬 주민에게 너무 많은 것을 제공하여 국민들이 자기 힘으로 뭔가를 손에 넣으려는 의지를 약하게 만들었다는 것이다.

하지만 주기와 받기 그리고 자극과 보상으로 이루어진 보조금 구조와 같은 순환적 시스템에서 어느 한쪽에 책임을 전가하는 것은 부당하다. 물론 미국 정부는 수십 년간 미크로네시아에 원조금을 지원하면서 의도치 않게 그곳 국민들의 무기력함에 보상을 해 준 꼴이 되었다. 그리고 미크로네시아 사람들은 그 보상체계에 너무나 의지한 나머지 자유의지를 버리고 자립을 단념했다. 이런 자립성 결여는 미국이 미크로네시아에 경제적 지원을 계속하도록 하는 또 다른 압력이 되었고, 이렇게 해서 이루어진 경제적 지원은 점점 더 미크로네시아 국민들을 의존적으로 만들었다.

앞서 말한 대학 입시에서의 소수집단 우대 정책도 마찬가지다. 그 정책은 흑인들을 무기력하게 만들고 그들의 무기력함은 점점 더 정책을 강화하게 하는 압력이 되었다. 그러므로 이 같은 순환 구조 속에서 어느 한쪽을 가해자로 몰아세우고 다른 한쪽은 피해

자라고 우기는 것은 옳지 않다. 잘못된 결과를 초래한 진실은 끊임없이 서로에게 반응하는 순환 과정에서 찾는 것이 옳다.

보상체계의 결과는 이처럼 예측 불가능하기 때문에 무엇이 최선의 전략이 될지는 주어진 상황에 따라 달라질 수밖에 없다. 때문에 보상체계를 계획할 때 반드시 알아야 할 아주 기본적이고 원칙적인 것에 대한 조언을 몇 가지 전하고자 한다.

패러독스
게임의법칙

당신의 제의에 의도치 않은 보상이 숨겨져 있는지 살펴보라

행동보다는 말이 훨씬 쉬운 법이다. 그러므로 우리는 간단한 약속으로
다른 사람들에게 동기를 부여하려고 할 때 그 약속이 예기치 않은 또는
정반대의 결과를 가져오지는 않을지 충분히 생각해봐야 한다. 예를 들어
작은 보상을 통해 자녀를 지도하려고 할 때 그 보상 때문에 본래의 목적
이 가려질 수도 있음을 염두에 두어야 한다. 숙제를 다 끝내면 새 컴퓨터
게임을 시켜주겠다고 아이에게 약속하는 부모는 그 기대감으로 인해 아
이의 집중력과 숙제의 질이 떨어질 수 있다는 것을 알아야 한다. 반드시
그런 것은 아니지만 그럴 가능성은 얼마든지 있다.

누군가 자발적으로 어떤 일을 하고 있다면 굳이 보상하려들지 마라

차라리 보상을 하지 않는 편이 나을 때가 있다. 보상이 오히려 해가 되는
경우가 있기 때문이다. 가령 자발적으로 뭔가를 하고 있는데 외부에서
보상을 주는 경우에는 오히려 의욕이 떨어지기도 한다.

　이프-덴 게임이 진행되는 동안 갑자기 규칙이 바뀌면 혼란이 생기거

달콤한 보상의 패러독스

1
4
3

나 일이 중단될 가능성이 크다. 그러므로 당신이 보상해주려는 사람이 자발적으로 그 일을 하고 있는 것은 아닌지 미리 살펴보아야 한다. 그리고 확실하지 않은 경우에는 돈으로 보상하겠다는 생각을 접는 편이 낫다. 사람들이 이미 어떤 일을 하고 있다면, 그리고 그 일을 강요에 의해 억지로 하고 있는 것이 아니라면 그 일에 분명 어떤 형태의 보상이 숨겨져 있을 것이다. 그렇지 않다면 벌써 일을 그만두었을 테니까.

보상은 처벌보다 강력함을 기억하라

그렇다고 해서 아예 보상하지 말라는 말은 절대 아니다. 프로젝트가 당신의 마음에 드는 결과를 가져왔고 사람들이 그 일을 계속하기를 바란다면 적당한 보상을 고민해봐야 한다. 그런 보상은 의욕을 증폭시키고 학습 효과를 높여주기 때문이다. 당연한 것처럼 들리겠지만 그렇지가 않다. 예컨대 사회의 가장 중요한 규정 가운데 하나인 도로교통법규는 보상이 없어도 질서가 유지되는데 심리학자 비외른 파스트 Björn Fast는 수년 전에 〈디 차이트〉지와의 인터뷰에서 이것이 교통법규의 약점이 될 수 있음을 지적했다.

"교통법규는 위반행위를 처벌함으로써 사람들이 두 번 다시 법을 어기지 않도록 막는다. 하지만 사람들이 규정을 잘 지키는 경우에 대해서는 아무 보상도 하지 않기 때문에 학습 효과를 기대하기 어렵다."

그에 따르면 질책 31퍼센트과 칭찬 나머지 69퍼센트의 이상적인 상호작용을 통해 학습 효과가 극대화된다. 그래서 심리학자 파스트는 이렇게 덧붙였다.

"지속적으로 속도를 측정해서 운전자들에게 편지를 보내면 어떨까? 예를 들어 '규정을 지켜주셔서 진심으로 감사드립니다!'라는 편지를 보내는 것만으로도 충분할 것이다. 조금 더 강력한 효과를 얻고 싶다면 보너스 시스템을 마련할 수도 있다. 제한 속도를 다섯 번 지키면 한 번은 시속 10킬로미터를 초과해도 눈감아주는 것도 보너스 시스템이 될 수 있다."

이런 식으로 보상하면 운전자들은 더 자제심 있게 행동할 것이다. 내기를 해도 좋다. 이 책을 끝까지 다 읽고 나서도 그렇지 않을 것이라고 생각하는 사람은 내게 이메일을 보내주길 바란다. 언제든 대환영이다.

선택의
패러독스

어느 한쪽을 선택할 수 없는 이중구속 전략으로
의견을 관철시켜라

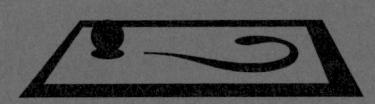

코미디 쇼에 출연한 뒤
신이 된 사나이

라즈 파텔Raj Patel은 경제학자이자 작가이다. 그는 2009년 11월 자연적인 생활 기반의 가치를 '0'으로 매기는 반면 소비 쓰레기를 최고의 가치로 평가하는 경제 시스템의 불합리성을 다룬《경제학의 배신*The value of nothing*》을 출간했다.[1] 그리고 미국의 〈콜베어 리포트Colbert Report〉라는 코미디 쇼에 게스트로 출연해 이 책의 내용을 설명했다.

쇼의 진행자는 냉소적인 성향의 재치있는 코미디언 스티븐 콜베어Stephen Colbert였다. 그는 방송 내내 파텔을 궁지로 몰아붙이는 질문을 쏟아냈다.[2]

"오늘 초대된 게스트께서는 시장의 자유가 인간을 방치했다고 생각하신다는군요. 제가 이분의 책을 베스트셀러로 만든다면 그 이론은 틀린 것으로 판명이 나겠죠?"

콜베어가 다소 시니컬하게 책의 내용을 좀더 상세하게 알려줄 것을 요청하자 파텔은 쉬운 예를 한 가지 들었다.

"햄버거 하나를 생산하는 데 들어가는 총환경비용을 고려한다면 햄버거 하나의 가격은 200달러쯤 되어야 합니다."

"엄청나게 커다란 햄버거겠군요."

콜베어가 재빠르게 받아치자 방청석에서 폭소가 터져 나왔다. 이어 콜베어는 미국이 저가 정책을 기반으로 세워진 나라이며 심지어 콜럼버스는 단지 돈을 많이 안 들이고 첩을 얻고 싶어 아메리카 대륙을 찾아 나선 것이라는 논지를 펼치며 설마 그런 나라에서 햄버거 하나에 200달러를 받는 일이 가능하겠냐는 농담을 던졌다. 또다시 관객의 폭소가 터져 나왔다. 파텔은 당황해서 조금씩 말을 더듬거릴 수밖에 없었다. 그리고 그 순간, 몇몇 사람들에게 그는 신의 환생처럼 여겨지게 되었다.

인터뷰가 끝나자 파텔은 국제나눔재단 Share International Foundation 이라는 종교단체의 새로운 메시아로 떠올랐다. 그 단체의 소속원들은 파텔에게 새로운 구원자로서 위대한 일을 하기를 기대한다는 내용의 이메일을 보내왔다. 그뿐만이 아니라 2010년 2월 4일자 〈뉴욕 타임스〉에 실린 보도에 의하면 인터넷상에 그의 신성神性을 알리는 홈페이지, 토론단체, 동영상 등이 수없이 등장했다고 한다.[3]

파텔을 메시아로 여긴 이 단체의 설립자는 벤저민 크림 Benjamin Creme 으로, 그는 90세가량의 스코틀랜드 출신 신비주의자다. 국제나눔재단의 교리는 모든 종교를 하나로 통합하고자 했던 19세기 말의 종교운동인 신지학^{theosophy}의 교리와 일맥상통한다. 그러므로 이 단체의 회원들이 부처와 같이 깨달은 자의 환생을 믿는 것도 별로 놀랄 일은 아니다. 그들은 '마이트레야^{Maitreya, 미륵}'라고 불리는 스승이 언젠가 이 세상에 와서 더 나은 삶에 이르는 길을 가르쳐줄 것이라 믿었다. 그리고 교단의 설립자 벤저민 크림은 그 스승에 대해 매우 구체적인 예언을 했다. 새로운 메시아는 1972년에 태어나고 피부색은 검으며 인도를 떠나 런던으로 이동한 적이 있고 말을 조금 더듬는다는 것이다. 운 좋게도^{다른 관점에서 보면 운 나쁘게도} 모든 점에서 라즈 파텔은 이 메시아의 조건을 만족시켰다. 그는 1972년 런던에서 케냐인 어머니와 피지섬 출신의 아버지 사이에서 태어났으며 옥스퍼드대학과 런던정치경제대학에서 공부를 마친 후, 세계은행과 세계무역기구에서 일했다. 그리고 〈콜베어 리포트〉 쇼에서 말을 더듬기까지 한 것이다.

언론들은 앞다투어 이 사실을 보도했다. 모든 소동의 원인 제공자인 코미디언 스티븐 콜베어 역시 가만히 있을 리 없었다. 2010년 3월 15일 그는 자신의 쇼에서 국제나눔재단의 설립자 벤저민 크림의 동영상을 내보냈다.[4] 이 영상에서 벤저민 크림이 전하려는 메시지는 분명했다. 마이트레야, 즉 새로운 메시아가 얼마 전에 미국에서 첫 인터뷰를 가졌다는 것이었다.

"스승 중의 스승이신 그분이 유명한 TV방송에 출연하셨습니다. 정말로 그분이 메시아인지에 대한 의심은 깨끗이 사라졌습니다. 그분이 TV 방송에 나와 말을 더듬으셨기 때문이죠."

콜베어는 시청자들에게 이 영상을 보여준 뒤 기쁨에 넘쳐 환성을 지르면서 라즈 파텔에게 전화했다. 그리고는 다짜고짜 그가 진짜 메시아가 맞느냐고 물었다.

"아니오, 난……."

파텔은 아무 말도 할 수 없었다. 콜베어가 그의 말을 자르며 메시아의 또 다른 징표를 강조했기 때문이다.

"벤저민 크림이 진정한 메시아는 자신의 신성을 부인할 것이라고 예언했습니다. 모르셨습니까?"

그는 파텔에게 다시 한번 물었다.

"당신은 메시아입니까?"

그러자 파텔은 약간 말을 더듬는가 싶더니 곧 이성을 찾고 망설임 없이 대답했다.

"아니오……."

하지만 그는 그 이상 말을 이을 수 없었다. 그가 "아니오."라고 하자마자 스티븐 콜베어가 두 팔을 높이 쳐들고 "여러분, 그가 메시아입니다!"라며 환호했기 때문이다. 파텔이 아무리 애를 써도 그 어처구니없는 상황에서 벗어날 수 없었다. 파텔이 자신은 어떤 형태든 추종관계라면 무조건 반대하는 입장이라 해명하자 콜베어는 "그 역시 대단히 성스러운 말"이라고 대답했다. 그리고 이처럼 당황스럽고 어이없는 상황 속에서 파텔은 점점 더 말을 더듬기 시작했다. 의기양양해진 콜베어는 마침내 "지금까지 라즈 파텔, 메시아였습니다!"라는 말로 그와의 통화를 끝내버렸다.

파텔은 그로부터 반년이 지나고 나서야 간신히 그 상황을 정리할 수 있었다. 그는 샌프란시스코에서 벤저민 크림을 직접 만나 단판을 지었는데, 〈뉴욕 타임스〉는 그 만남에 대해 이렇게 보도했다.[5]

"두 사람은 지난 몇 달간 일어난 일을 신원확인 오류로 인한 해프닝으로 여기기로 했다." 그럼에도 불구하고 그 종교단체의 일부 회원들에게는 라즈 파텔이 단호히 부인하는 모습이 오히려 그의 신성을 빛나게 하는 결정적인 증거였을지도 모르지만 말이다.

인간은 감정과 충동의 무의식을 조절할 수 있는가

앞서 본 라즈 파텔의 사례처럼 어떤 상황에서는 말을 하면 할수록 점점 더 모순의 수렁에 깊이 빠져들게 된다. 이처럼 이중적이고 역설적인 상황을 이해하기 위해서는 우선 우리가 세상을 설명하는 모델이 인간의 복잡한 인격과 맞닥뜨리는 순간을 자세히 살펴볼 필요가 있다.

화가 피트 몬드리안Piet Mondrian의 사례를 보자.[6] 1872년에 출생한 이 네덜란드 화가는 겸손하고 금욕적이었으며 선교사적 사명감이 투철했다. 평생 '신조형주의'[7]라는 유파를 철저히 고수했던 그는 이것이 세상을 설명할 보편적인 모델이라고 굳게 확신했다. 이 유파의 원리는 비교적 단순하다. 자연에는 2개의 조형력^{수평}적인 힘과 수직적인 힘이 있고 두 힘이 상호작용함으로써 보편적인 것, 일종의 탈인격화된 신이 탄생한다는 것이었다. 그는 신조형주의적 세계관을 통해 세상을 이해하는 자신만의 단순한 법칙을 만들어 낸 것이다.

그의 작품세계는 수십 년에 걸쳐 점점 더 추상화되어 마침내 검은색의 수평선과 수직선 그리고 삼원색^{빨간색, 노란색, 파란색}으로만 이루어진 형태를 갖추게 되었다. 몬드리안에게는 그것이야말로 보편적 진리를 조형적으로 표현하는 유일한 모습이었다. _{이런 몬드리안의 작품들은 그의 생전에 잘 팔리지도 않았고 별로 인정받지도 못했지만 오늘날에는 현대 미술의 아이콘이 되었다.}

몬드리안은 균형 잡힌 세계관을 갖기 위해 갖가지 노력을 했다. 그는 생전에 동료 신조형주의 화가들처럼 건축에 관심을 가졌고 문란해 보인다는 이유로 1910년대에 법으로 금지되었던 탱고에 몰두하기도 했다. 건축은 그렇다 치더라도 탱고에 관심을 둔 것은 한편으론 의외의 선택이었다. 엄격하고 금욕적인 성향의 몬드리안에게 관능과 세속을 연상시키는 춤만큼 낯선 것도 없었을 것이기 때문이다. 하지만 이는 그가 스스로 인체의 관능적인 요소를 극복하기 위한 최대의 도전이 무엇일지 고민한 끝에 결정한 선택이었다. 그는 "반대되는 것을 통해 균형을 이룬다는 새로운 생각을 탱고에서 발견했다."고 이야기한 바 있다.[8] 몬드리안은 탱고를 자신의 신조형주의적 시각에서 해석했고 춤도 똑같이 신조형주의적으로 추었다. 추상적이고 금욕적으로.

이 이야기를 어떻게 받아들이는가는 관점의 문제다. 몬드리안의 사례가 함축한 메시지는 두 가지다. 첫째는 자신을 둘러싼 세계를 이해하기 위한 자신만의 단순한 법칙을 세우고, 그 법칙을 지속적으로 적용하려는 인간의 성향이다. 그리고 둘째는 인간의 갈망과 욕구 같은 감정들에 그런 법칙을 적용했을 때 어떤 혼란이 야기되는가 하는 것이다.

이 같은 감정의 영역에서는 확실한 인과관계나 명백한 법칙이 통하지 않는다. 욕망, 바람, 갈망 등의 감정은 어디로 튈지 모르는 공 같은 것이기 때문이다. 평생 단 한 번이라도 사랑에 빠져보거나 버림받아본 사람이라면 이것이 무슨 말인지 알 것이다. 사랑하거나 버림받으면 인간 내면에는 이런저런 감정_{그리움과 아픔}이 묘하게 뒤섞이거나 서로 상반된 감정_{사랑과 미움}이 하나로 엮여 있는 상태가 나타난다. 그래서 우리는 눈썹 하나 까딱하지 않고도 서로 모순되는 것들을 동시에 갈망하곤 하는 것이다. 유명한 연애심리 전문가 위르크 빌리는 이렇게 설명한다.[9]

"오늘날의 남녀는 안정되고 지속적인 관계를 갈망하는 동시에 그런 관계를 두려워한다. 이런 역설적인 상황은 상처가 두려워서 방어하는 것과 관계가 있다."

　그러므로 감정은 양면적이고 자가당착적이며 혼란스러운 것이다. 하지만 그로 인해 감정이 그 절박함이나 의미를 상실하거나 우리의 행동에 대한 영향력을 잃어버리는 일은 결코 없다. 예컨대 지그문트 프로이트는 우리의 삶이 서로 화해할 수 없는 2개의 상반된 힘에 영향을 받는다고 보았다. 그래서 우리의 죄책감 가운데 상당 부분은 타고난 양면성이 충돌한 결과, 즉 사랑과 죽음에 대한 충동 간의 끝없는 반목이 빚은 결과로 이해할 수 있다는 것이다.

　감정, 바람, 갈망 등은 그 작용 방식이 그렇듯이 무의식적으로 생겨나는 경우가 많다. 물론 우리가 의식하는 감정들도 있지만 대부분의 감정들은 무의식적으로 행동을 조종한다. 다시 말해 우리 내면에서 일어나는 것은 대부분 우리의 의식과 무관하다. 뿐만 아니라 신경과 의사 안토니오 다마지오 Antonio Damasio 의 말처럼 우리는 감정을 임의로 조절할 수 없기 때문에 까닭도 모른 채 슬퍼지거나 행복해질 수도 있다.

　"외부세계나 내면세계의 표상은 의식의 문턱 안에서 형성되기도 하지만, 그럼에도 불구하고 감정적인 반응을 불러일으킨다. 감정은 무의식적으로 유발되기도 하므로 의식적인 자아에게는 정당한 동기가 없는 것처럼 보일 수도 있다."

　이처럼 변화무쌍하고 양면적인 감정과 그것을 분명하게 식별

하고 조종하는 우리의 능력은 삶의 과정에 영향을 미칠 수밖에 없다. 그러므로 정확히 '어떻게'라고 설명할 수는 없더라도 우리의 감정과 능력이 결정과 행동에 지대한 영향을 미친다는 것은 인정해야 한다. 여러 학자들의 주장에 따르면 우리를 충동질하는 것에 대해 사실상 우리가 할 수 있는 것은 거의 없다. 지그문트 프로이트도 이런 주장을 지지하는 입장이다. 게르하르트 로트는 훗날 이 주장을 다음과 같이 요약했다.

"우리의 자아는 바람, 계획, 행동 등의 실질적 근거가 무엇인지에 대해 아는 것이 거의 또는 전혀 없다."[10]

그래서 자신의 삶을 완전히 바꾸면서도 그 이유를 본인 스스로도 명백하게 밝히지 못할 수도 있는 것이다. 그렇다고 우리가 왜 무엇을 하고, 또 그 모두가 어떤 목적에 도움이 되는가에 대한 가장 그럴듯하고 단순한 가정을 세우지 못하는 것은 아니다. 하지만 상황이 좀더 복잡해지는 것은 사실이다.

건물이 무너지는 와중에도 책상을 정리하게 하는 루틴의 힘

2001년 9월 11일 아침, 뉴욕시가 사상 최대의 참사를 겪었을 당시 세계무역센터 건물 안에 있던 사람들 모두가 당연히 모든 것을 그대로 두고 곧장 탈출하는 행동을 취한 것은 아니다. 여객기 2대가 연달아 빌딩에 충돌하는 아찔한 순간에도 평상시와 다름없이 행동한 사람들도 있었다. 이는 참사에서 살아남은 271명의 생존자를 대상으로 실시한 인터뷰를 보면 알 수 있다.[11]

"절반이 넘는 생존자들이 하고 있던 일을 끝내거나 다른 일을 재빨리 처리하고 나서야 비상구로 향했다고 대답했다. 우선 무슨 일인지를 알아보려고 했던 사람들은 다른 사람들보다 1.5~2.5배 정도 더 시간을 허비한 다음에야 건물을 빠져나간 것으로 확인되었다."

심지어는 자기 책상을 정리한 다음에 탈출한 사람도 있었다고 한다. 그들은 빌딩이 불타고 있다는 소식을 접하고도 책상을 정리하느라 적게는 1분에서 많게는 8분가량을 지체했다. 이들이 상황 파악 능력이 부족하거나 지능이 떨어져서 그렇게 행동한 것은 아니다. 그저 평소의 습관대로 행동했을 뿐이다. 그리고 살다보면 이처럼 습관대로 행동하는 경우가 상당히 많다.

습관은 비상상황에서 우리가 올바르게 대처하도록 조종하는가 하면, 배우자 선택이나 근무 태도에도 영향을 준다. 또 어떤 사람을 믿을 것인지, 주식에 계속 투자할 것인지의 여부를 몇 초도 안 걸려 판단할 수 있게 하기도 한다. 그래서 우리는 다양한 방식으로 반복적인 행동양식, 즉 루틴routine을 익히게 된다. 진화에 의해 또는 가족으로부터 물려받는 루틴도 있고 테니스의 백핸드처럼 열심히 훈련해서 습득하는 루틴도 있는가 하면 그저 수년간 반복한 탓에 자연스럽게 몸에 익히게 된 루틴도 있다.

　루틴과 관련된 용어들은 본능을 비롯하여 의례행동 ritual, 어림법 heuristics에 이르기까지 다양하다. 이 용어들은 맥락에 따라 서로 다르게 쓰이지만 구조적인 유사성이 있다. 뇌 속에 깊숙이 저장되어 있어서 우리의 의식적인 접근을 허락하지 않는다는 것이다. 이 행동양식들이 의식의 통제를 받지 않는 것은 그럴만한 이유가 있기 때문이다. 생각을 하고 구체적인 계획을 세움으로써 의식을 통해 행위를 조종하는 과정은 신중을 기할 수 있고 때로는 혁신적으로 행동할 수 있도록 하겠지만, 다소 시간이 오래 걸리고 간혹 잘못된 행동을 유도하기도 한다는 단점이 있다. 예를 들어 호랑이를 만난 순간 심사숙고를 통해 그 상황을 모면하고자 한다면 정말 목숨을 내놓을 각오를 해야 할 것이다. 의식적으로 세운 전략은 그런 상황을 처리하기엔 너무 답답하고 느리다. 때문에 우리의 뇌는 특수한 무의식의 영역 속에서 반복적인 행동양식을 취하도록 하는 것이다.

　무의식의 영역에서 조종되는 모든 과정들은 매번 똑같이 표준화된 형태로 재빠르게 진행된다. 이는 위험한 상황을 모면하거나 되풀이되는 과제를 해결하거나 기본적인 지식을 습득하는 데 유리한 전략이다. 호랑이를 보고 잽싸게 달아나는 것, 테니스 네트를 넘어오는 공을 보고 감각 있는 백핸드로 되받아치는 것, 잔뜩 찌푸린 얼굴을 보고 피하는 것 등이 바로 그런 전략이다.

마찬가지로 복잡한 현실을 재구성하는 일이나 세계상을 구성하는 일도 루틴의 형태로 진행된다. 그러므로 루틴과 제2장에서 살펴본 단순한 법칙 사이에는 공통점이 있다. 양쪽 모두 단순한 구조이고 모순이 없으며 신속하게 적용 가능한 데다가 우리에게 안정감을 준다.

그러나 결정적인 차이점이 하나 있다. 인간이 세상에 적응하기 위한 전략의 결과물인 단순화된 법칙은 대부분 의식적인 과정을 통해 얻는 것인 반면, 루틴은 무의식적인 과정에서 일어난다는 것이다. 게다가 루틴은 우리 스스로가 어떤 것에 반응을 보이는지조차 모르고 있는 경우가 대부분이어서 조종하는 것도 불가능하다. 말하자면 루틴은 영원한 수수께끼로 남아 있는 무의식 속에서 한 치의 오차도 없이 진행되는 불변의 행동 및 인지 절차인 셈이다.

하지만 우리는 이 루틴의 존재를 다행으로 생각해야 한다. 일상에서 일어나는 모든 행동에 일일이 신경써야 한다면 아마도 도저히 살아갈 수 없을 테니까. 예컨대 심장을 규칙적으로 뛰게 하거나, 숨을 쉬는 것을 의식적으로 처리해야 한다면 미처 다른 것에 신경쓸 여력이 없을 것이다. 이 과정을 생리적 자동조종장치에게 위임한 것은 진화의 탁월한 선택이었다.

하지만 앞서 본 세계무역센터의 예처럼 습관대로 일을 처리함으로써 심각한 곤경에 빠지는 부작용 역시 얼마든지 쉽게 일어날 수 있는 일이다. 빌딩 안에 있던 사람들은 밖에서 무슨 일이 벌어지는지 정확히 몰랐다. 때문에 그들의 뇌가 '나는 곧 사무실을 나간다'는 프로그램을 평상시와 같이 작동시켰고 몇 분 후에는 더 이상 존재하지도 않을 책상을 정리했던 것이다.

루틴을 이겨내고 목숨을 건진 사람들

오스트리아의 카프룬에서 일어난 대형 참사에서 역시 무의식 속에 잠재되어 있는 생존을 위한 루틴에 따라 행동했다가 많은 사람들이 목숨을 잃었다.

끔찍한 사고가 일어난 것은 2000년 11월 11일 아침 9시가 막 지난 무렵이었다. 당시 상행 퍼니큘러 열차_{산악케이블 열차}는 스키를 타려는 승객 162명을 태우고 스키 휴양지 키츠슈타인호른을 향해 출발했다. 총길이가 3,300미터에 이르는 터널을 5분의 1쯤 통과하는 순간 갑자기 열차가 멈춰 섰다. 맨 마지막 차량의 전기히터에서 불이 난 것이었다. 설상가상으로 유압장치에서 오일이 사방으로 튀면서 순식간에 다른 차량까지 불이 옮겨 붙었다. 일부 사망자는 출입구를 열지 못해 열차 안에서 숨졌다. 나머지 사람들은 창문을 깨고 간신히 열차 밖으로 빠져나왔다.

사람들은 아래쪽 차량에서 타오르는 불을 피해 산 위쪽으로 올라가 터널 입구로 빠져나가려고 했다. 하지만 굴뚝효과^{건물 내외부의 온} 도 차에 의해 공기가 유동하는 현상에 의해 골짜기 측면에서 터널 안으로 유입된 공기 탓에 불길이 더 거세졌고 터널 안에 있던 독가스까지 위쪽으로 올라왔다. 계속 위로 올라가는 것은 스스로 불구덩이로 뛰어드는 셈이었다. 결국 사망자 150명 대부분이 연기에 질식사했는데 그중 일부는 3,000미터를 간신히 올라와 터널 입구에 도착하고서도 연기에 질식해 목숨을 잃었다. 불을 피하려는 본능적이고 즉각적이었던 대피행동이 오히려 사람들을 죽음으로 몰고 간 사건이었다.

한편 이런 루틴을 거부하고 이성을 따른 승객들은 살아남았다. 생존자 게르하르트 하네체더는 당시 12세이던 딸과 함께 가장 아래쪽 차량의 창문으로 간신히 빠져나온 뒤 다른 사람들을 따라 터널 위쪽으로 올라가려고 했다. 그때 한 중년 남자가 뒤에서 소리쳤다.

"내려와요, 아래로! 불이 위로 타올라가잖아요!"

그 말에 하네체더는 무의식적인 충동을 거스르고 딸과 함께 타오르는 불길을 통과해 아래쪽 터널 입구로 이동했다. 이 부녀와 함께 아래쪽으로 내려와 목숨을 구한 생존자는 단 10명의 관광객뿐이었다.

루틴이 예상하는 것과 정반대의 결과를 가져올 수도 있다는 사실을 설명하기 위해 굳이 이 같은 비극적인 예를 찾아다닐 필요는 없을 것 같다. 루틴이 인간의 분별력에 어떤 영향을 미치는지 살펴보는 것만으로도 충분할 것이다.

미국 CIA의 홈페이지에는 인종학자 롭 존스턴^{Rob Johnston}이 쓴 〈미 정보기관의 분석 문화<i>Analytic Culture in the US Intelligence Community</i>〉라는 논문이 게재되어 있는데 이 논문의 제5장에는 전문가들이 갖는 패러독스에 대한 내용이 나와 있다.[12] 존스턴은 논문에서 "전문가는 다년간 특수한 연구 분야의 시각으로 세계를 바라본 이들이다."라고 정의한다. 즉 전문가는 복잡한 현실에서 아주 작은 부분들을 떼어내 자세하게 관찰할 수 있어야 한다는 말이다. 그리고 그렇게 되면 전문가는 자신의 전공 분야에서 통용되는 패턴, 즉 루틴을 개발하고 이를 이용해 점점 깊이 자신의 전공 분야를 연구하여 스페셜리스트가 될 수 있을 것이다. 하지만 이 같은 전문화에는 달갑지 않은 현상이 수반된다.

존스턴은 이를 '전문성의 패러독스'라고 불렀다. 전문 지식이 늘어날수록 오히려 전공 분야에 대한 예견이 점점 불확실해진다는 것이다. 정확한 판단을 내놓으려면 자신의 전공 분야에 대해 복잡하고 다이내믹한 주변 상황을 고려해 보다 큰 맥락에서 바라보아야 하는데 전문가는 그러지 않기 때문이다. 조금 과장하면 우리가 전문 분야에서 똑똑해질수록 오히려 예견의 정확도는 점점 한심해진다는 말이다. 그러면 문제를 해결하기 위해 전문가회의를 소집한다는 정치인들의 이야기는 어떻게 이해해야 할까? 이 같은 미국 CIA의 견해대로라면 전문가들이 형편없는 조언만 늘어놓을 테니 말이다. 이 논문은

단체토론이 어떻게 매번 빗나가는 예견을 내놓는지를 보여주는 셈이다.

당신은 전문성의 패러독스가 흥미롭긴 하지만 일반인들과는 관계가 없는 것이라고 생각할 수 있다. 하지만 현실은 그렇지 않다. 우리 모두는 자기 삶의 전문가, 엄밀히 말해 유일한 전문가이기 때문이다. 그뿐만이 아니다. 누구나 전문가와 똑같은 사고 과정을 거친다. 경험과 사실, 인식 등을 모아 정리하고 성공적인 행동 이론을 세우는 것은 전문가나 일반인이나 마찬가지다. 그래서 평범한 사람들 역시 자신만의 패러독스에 빠져들 수 있다.

세상을 의지로 통제하는 동시에 무의식에 구속된 이중적 존재

물론 루틴이 역설적인 결과를 가져오거나, 아무런 도움이 되지 않을 때도 있지만 우리의 삶에 미치는 영향력은 지대하다. 신경과학자 안토니오 다마지오는 실험으로 이 사실을 입증했다.[13]

그는 실험에서 피험자들과 카드게임을 시작했다. 그리고 어떤 카드뭉치에는 유리한 카드패가 들어 있고, 또 다른 카드뭉치에는 불리한 카드패가 들어 있다고 미리 설명해주었다. 피험자들에게 주어진 과제는 유리한 카드패가 들어 있는 카드뭉치를 최대한 빨

리 찾아내는 것이었다. 실험결과 우리의 뇌는 어느 카드뭉치에 좋고 나쁜 패가 들어 있는지 놀라우리만치 빨리 인지하는 것으로 나타났다. 게다가 어느 시점부터는 피험자들이 직관적으로 좋은 패가 들어 있는 카드뭉치를 찾아내는 것을 보면 무의식이 관여할 겨를도 없이 판단이 내려진다는 것을 알 수 있었다. 그래서 다마지오는 이렇게 결론을 내렸다.

"어떤 판단을 위해서 우리는 사실을 참고하고 논리적인 추론을 사용하기도 하지만 때로는 지금껏 경험한 상황들과 그에 대한 정서적 기억과 같은 주관적인 기준 역시 결정에 중대한 영향을 미친다. 평소에는 정서적인 기억들이 잠재되어 있다가 무의식적으로 직관적인 결정에 중요한 역할을 하기도 한다."

그렇다면 인간은 무의식적 과정의 꼭두각시에 불과한 것일까? 스스로가 세운 의도, 계획, 생각 등을 통해 전혀 예기치 못한 또는 더없이 복잡한 일들을 조종할 수는 없는 것일까? 이 질문에 대한 답은 '구체적인 상황에 따라 달라질 수 있다'는 것이다. '그것 참 우유부단하게 들리네!'라는 생각이 드는가? 그게 바로 정답이다. 왜냐하면 유능함과 무능함을 동시에 지니고 있는 것이 바로 인간이기 때문이다. 심리분석가 프리츠 지몬은 자신의 저서 마지막 챕터에서 '세상의 열 가지 불건전한 가정'을 열거하며 매우 이중적인 답을 내놓았다.

"어떤 사람이 자신의 행동을 바꾼다면 세상은 완전히 달라질 것이다. 그렇지만 의도적으로 세상을 바꿔보겠다고 결심할 수 있는 사람은 없다. 누구나 세상에 대해 책임이 있지만 그렇다고 해서 어느 누구도 이 세상이 어떤 모습이어야 할지 결정할 수는 없다."

이어서 그는 두 가지 시각 가운데 하나를 택하는 것의 위험성에 대해 경고한다.

"이런 딜레마의 한쪽만 바라보는 사람은 과소망상이나 과대망상에 빠져서 자신의 가치나 책임, 잘못 등을 과소평가하거나 과대평가하게 된다. 인간적인 딜레마는 전능하다는 생각과 무기력하다는 생각이 모두 맞다는 현실에서 생기는 것이다."[14]

〈프랑크푸르터 알게마이네 차이퉁〉의 편집장인 위르겐 카우베 Jürgen Kaube는 교육학자 토마스 벤츨Thomas Wenzl의 커뮤니케이션 연구에 대해 기사를 쓴 적이 있다.[15] 아이들은 집에서는 아무 때나 하고 싶은 이야기를 마음대로 할 수 있지만 학교에서는 엄격하게 통제를 받는다. 학교에서는 손을 들고 말을 해야 할 뿐만 아니라 주어진 주제에 대해서만 발언해야 한다. 그러지 않으면 교사가 제대로 수업을 진행하기 힘들 것이다. 이러한 현실에 대해 카우베는 이렇게 적었다.

"마음에 안 들어도 어쩔 수 없다. 사회적인 삶에서는 두 가지, 즉 개성을 존중하는 것과 개성을 단념하는 것이 모두 중요하기 때문이다. 그러므로 교육은 이 두 가지를 모두 예상하고 뒷받침할 수 있어야 한다. 왜냐하면 누구나 유일무이한 존재인 동시에 똑같은 인간이니까."

　이와 마찬가지로 부모는 아이에게 일관성 없는 메시지들을 끊임없이 교육할 수밖에 없다. 이를테면 아이들에게 파란불일 때만 길을 건너고 빨간불일 때는 절대 건너지 말라고 당부하는 경우다. 이때 부모들은 잊지 않고 이런 조언도 덧붙일 것이다.

　"파란불일 때도 방심해서는 안 돼. 이미 빨간불로 바뀌어서 멈춰야 하는데도 횡단보도를 그냥 지나가버리는 운전자들이 있거든. 그러니까 방금 내가 한 말은 잊어버리고 도로 위가 어떤 상황인지를 너 스스로 판단해. 그런데 말이야, 정말 어쩔 수 없이 빨간불일 때 길을 건너야만 한다면 꼭 주위를 잘 살피고 건너렴!"

　또한 아이들에게 낯선 사람을 따라가서는 안 된다는 것을 설명하는 상황에서도 이런 양면적인 교육이 이루어진다. 우리는 가까운 주변 사람, 이를테면 상냥한 이웃 아저씨야말로 아이들에게 위험한 존재일 수 있다는 사실을 잘 알고 있다. 그래서 낯선 사람보다 오히려 아는 사람을 조심하라고 일러두는 것이 맞을 것이다. 하지만 동시에 부모들은 사람에 대한 아이들의 기본적인 신뢰가 흔들리지 않도록 교육하려고 애쓴다. 그래서 이런 문제에 대해서는 애매한 대답을 할 수밖에 없다. 아이들이 눈치껏 조언으로 새겨듣기를 바라면서 말이다.

희망을 잃지 않되 희망 없는 현실을 냉정히 직시하라

미 해군의 제임스 본드 스톡데일^{James Bond Stockdale} 장군에 관한 이야기는 인간의 양면성을 드라마틱하게 보여준다. 스톡데일은 베트남전에 참전했다가 1965년 9월 9일에 포로가 되어 8년 동안 악명 높은 호아로 수용소_{냉소적으로 '하노이 힐튼'이라고 불렀다.}에 수감되었다. 스톡데일은 그곳에서 4년간 독방에 갇혀 있었고 2년간 무거운 족쇄를 차고 있었으며 15차례나 고문당했다. 그가 과연 살아서 수용소를 나갈 수 있을지 불투명한 상황이었다. 그럼에도 스톡데일은 끊임없이 다른 포로들과 대화를 나누었다. 그의 목표는 포로들이 가급적 온전한 정신으로 수용소를 나갈 수 있도록 독려하는 것이었다.

그는 이런 위로를 전하곤 했다.

"아무리 힘들지라도 결국에는 해낼 수 있다는 믿음과 동시에 자신에게 주어진 가혹한 현실을 냉정히 직시하는 절제력을 가져야 합니다."[16]

표현이 전투적이기는 하지만 이는 삶의 양면성을 잘 요약한 말이다. 실제로 수용소에서 살아남았던 사람들은 낙관주의자가 아니라 현실주의자들이었다. 현실주의자들은 풀려나지 못할 가능성을 염두해 작은 희망에 일희일비하지 않았고 결국 이런 단단한 마음가짐 덕분에 오랜 시간 고통을 견딜 수 있었다. 반드시 해낼 수 있다고 믿되, 가능성이 전혀 없는 상황을 분명히 자각하라는 이 역설적인 말은 '스톡데일 패러독스'라고 불린다. 이처럼 우리는 굳이 두 가지 가운데 하나를 선택할 이유가 없다.

"시스템은 양면적으로 조직되어 있어서 상반되는 성향들을 끊임없이 조정하고 화해시키는 과정을 거치기 때문이다. '예'나 '아니오'로만 대답해야 하는 곳, '그렇기도 하고 아니기도 하다'는 대답이 절대 허용되지 않는 곳에서는 어리석은 행동이 나올 수밖에 없다."

이는 인간의 애매모호한 성향에 대한 프리츠 지몬의 말이다.[17]

브릿 팝 밴드인 디바인 코미디Divine Comedy의 '진에 흠뻑 취한 소년 Gin-soaked Boy'이라는 노래의 가사가 지금 우리가 다루는 주제를 간명하게 보여줄 수 있을 것 같다.

나는 빛이면서 어둠이고
나는 오른편이면서 왼편이고
나는 틀렸으면서 맞고
나는 길면서 짧고
나는 악하면서 선하고
나는 미쳤으면서 제정신이다

가사처럼 인간은 어둠과 빛, 악함과 선함같이 서로 상반되는 두 영역 사이를 오가는 셈이다. 동시에 지문처럼 유일무이하고 넬슨 만델라처럼 나라의 운명을 바꿀 힘을 지닌 개인이기도 하다. 우리는 두 가지 중 어느 쪽을 선택할 것인가? 하지만 삶의 다양성에 비추어보면 이 같은 선택은 별 의미가 없을 뿐만 아니라 오히려 우리를 해결 불능의 갈등에 빠뜨린다.

우리는 매일 선택의 여지가 없는 이중구속의 상황에 직면한다

간단한 요구가 상대방을 몹시 불쾌하게 만드는 경우가 있다. 예를 들어 "자발적으로 행동하라."고 말할 때가 바로 그런 경우다. 상대방이 그 말을 따르는 순간 결과적으로는 그 요구를 거스르게 되므로 상황이 불쾌해지는 것이다. 자발적인 행동의 본질은 누가 명령해서가 아니라 혼자 알아서 어떤 일을 행하는 것이다. 때문에 상대방이 '자발적으로 행동하라면서 지금 자기 명령을 들으라는 거야? 어림없지!'라고 생각하며 말을 듣지 않더라도 이상할 것이 없다.

주위를 둘러보면 이처럼 의도치 않게 상대방을 불쾌하고 혼란스러운 상황에 빠뜨리는 경우가 수없이 많다. 가장 흔한 예로 "이리 와요."라고 말하면서 팔짱을 끼고 거부하는 몸짓을 취하거나 누가 대접한 음식을 먹고 "맛있네."라고 말하면서도 벌레 씹은 표정을 짓는 경우가 있다. 이는 마치 "내 피부를 씻되, 물에 적시지는 말라."는 독일 속담처럼 앞뒤가 맞지 않는 요구다. 어떤 요구에 따르면 그 요구를 거스르는 것이 되고 반대로 그 요구를 무시하면 따르는 것이 되는 현실에 우리는 어떻게 적응해야 할까?

그레고리 베이트슨 Gregory Bateson과 파울 바츨라비크를 비롯한 여러 학자들은 이런 형태의 커뮤니케이션을 의미 있게 활용할 수 있는 방법을 보여주었다. 바츨라비크는 앞서 설명한 역설적인 커뮤니케이션의 형태, 즉 한 사람이 두 가지 모순된 메시지를 동시에 전하는 것을 '이중구속'이라고 불렀다.[18] 바츨라비크는 이렇게 말한다.

"예를 들어 이중구속 메시지를 받은 사람은 자기가 그 요구를 알아듣지 못한 것으로 가정한 다음 그 요구가 어떤 뜻일지 좀 별난 이론을 전개해볼 수 있다. 또 다른 가능성은 아무 생각 없이 모든 지시를 따라보는 것이다. 한편 이중구속 메시지를 주는 사람과의 커뮤니케이션 방식을 바꿔서 대화를 그만두거나 정신없이 분주하게 행동함으로써 의사소통이 불분명해지게 하는 방법도 있다. 하지만 가장 근본적인 해결책은 그런 메시지의 수신인이 반응하는 동시에 반응하지 않음으로써 역설적인 요구를 통제하는 것이다."[19]

당신도 느끼겠지만 이 같은 행동방법은 대체적으로 정신분열적인 모습 같다고 해도 과언이 아닐 듯싶다. 때문에 역설적인 요구는 끔찍한 결과를 가져올 수도 있다. 특히 아이들에게 말이다. 특히 부모로부터 모순되는 두 가지 요구를 동시에 받은 아이들은 이러지도 못하고 저러지도 못하는 절망적인 상황에 빠진다. 억지로 그런 상황에서 빠져나오려고 애쓰다 자기 자신을 해치는 경우가 발생하기도 한다. 하지만 당사자가 어떤 반응을 보이든 일단 이중구속이 의식 속에 자리를 잡으면 거기서 빠져나올 길은 없다.

바츨라비크는 이중구속을 우리가 일상에서 끊임없이 접하게 되는 '기본적인 생존 문제'로 간주한다. 이중구속이 언제 얼마나 과격하게 나타나는지, 또 그것이 온 가족을 불행에 빠뜨릴만한 것인지 아닌지는 구체적인 연관관계에 달려 있다. 이중구속이 나타나는 것은 세상을 설명하는 우리의 단순한 법칙이 삶의 이면과 충돌하기 때문이다. 단순화 성향이 강한 인간의 뇌로서는 세상의 복잡성을 인식하는 것이 과중한 부담일 수밖에 없다. 그래서 그런 요구의 이율배반적인 구조를 이해할 여력이 없는 것이다.

여기서 잠깐 짚고 넘어갈 것이 있다. 방금 설명한 이중구속을 훨씬 앞 챕터에서 이야기한 양면성과 혼동해서는 안 된다는 점이다. 이중적인 상황에 처해 있다는 것은 곧 우리가 동시에 두 가지를 느끼거나 동시에 두 가지가 될 수 있음을 받아들인다는 것이다. 우리는 기쁘면서도 슬플 수 있고, 힘이 넘치면서도 무기력할 수 있고, 늙었으면서도 젊을 수 있고, 멍청하면서도 영리할 수 있다. 그런 상황에 대처하는 유일한 방법은 견디거나 즐기는 것뿐이다. 아니면 이혼 가정의 자녀들처럼 양쪽을 왔다 갔다 하는 방법도 있다. 그 아이들은 자신이 반쪽씩 속해 있는 서로 상이한 두 세계 사이를 오가는 법을 터득하게 된다. 아이들이 일단 그 사실을 받아들이고 나면 화해할 줄 모르는 부모를 더 이상 절망적으로 쳐다보지 않을뿐더러 엄마나 아빠 중에 한쪽을 택해야 한다는 느낌도 갖지 않게 된다. 오히려 아이들은 양쪽 사이를 왔다 갔다 하는 것에 자연스럽게 적응할 것이다.

이와 같은 상황은 우리를 혼란스럽게 할 수도, 어쩌면 어지러운 동시에 화나게 할 수도 있다. 제2장 '상식과 법칙의 패러독스'에서도 설명했듯이 인간의 뇌는 복잡한 세계를 단순한 가정이나 법칙으로 축소시키려 애쓰기 때문이다. 상황의 복잡성을 이해하려면 뇌의 작동방식이 갖는 모순과 맞서야 한다. 단순화 성향을 지닌 채 복잡한 것을 이해하려고 하는 것은 핸드 브레이크를 당긴 채 고속도로를 주행하는 것과 마찬가지다. 결국 인간은 단순성과 복잡성에 대한 인식 사이를 끊임없이 왔다 갔다 하는 셈이다.

지금까지 살펴본 바와 같이 역설적인 요구는 양면적인 성격을 갖고 있어 우리가 맺고 있는 관계를 손상시킬 수도 있지만 다른 한편으로 개선시킬 수도 있다. 그렇다면 어떻게 해야 좀더 효과적으로 역설적인 요구의 방법을 사용할 수 있을까?

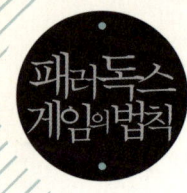

빨리 잠들고 싶으면 깨어 있으려고 노력하라

생각나는가? 이 책의 첫머리에 나온 이야기다. 내가 잠이 오지 않아서 차라리 깨어 있으려고 노력했더니 오히려 쉽게 잠이 오더라는 내용이었다. 이제 그 희한한 조언이 원하는 결과로 이어지는 이유에 대해 설명할 때가 되었다. 일반적으로 불면증과 싸울 방법으로 여겨지는 것은 요가, 목욕, 양떼 세기, 꿀을 넣은 우유, 수면제 등이다. 물론 이 가운데는 나름 근거가 있고 효과적인 방법도 있다. 하지만 패러독스 전략을 이용하는 것이 가장 바람직할 때가 있다. 불면증의 원인이 몸이 아니라 머리와 마음에 있는 것이 확실하다면, 그리고 잠을 못 이루고 뒤척인 일이 너무 많아서 잠자리에 드는 것이 두렵다면 더더욱 패러독스 전략을 이용하는 것이 좋다. 그러니까 어떻게든 깨어 있으려고 노력해보라. 조금 이상하게 들릴 수도 있다. 그러나 이것이야말로 불면증뿐만 아니라 다른 불안^{남들 앞에 나서는 것이나 말을 더듬는 것이나 미래가 암울하다는 생각}과 만성적인 통증을 다스리는 강력한 방법이다.

　불면증은 우리가 얼마나 피곤한가와는 상관없이 제멋대로 나타난다.

하지만 자신의 의지로 깨어 있음으로써 일부러 불면증을 초래한다면 자발성과 예측 불능이라는 불면증의 주요 특성을 빼앗는 것과 마찬가지다. 이는 불면증을 우리의 의지에 따르게 만드는 것이다. 우리가 의도적으로 초래한 불면증과 침대에서 벌벌 떨며 기다리는 불면증은 그 성격이 완전히 다른 것이다.

실제로 심리치료에서 사용되는 이 방법은 증상처방 sympton prescription 으로 알려져 있다. 일례로 빈의 정신과 전문의 빅토르 프랑클 Viktor Frankl 은 환자들에게 지금까지 절대 하지 않으려고 하던 것을 그냥 해보라고 권한다. 예컨대 일부러 말을 더듬거나 사람들 앞에 나서는 것을 두려워하게 하는 것이다. 이렇게 어떤 문제에서 그 자발성을 빼앗는 순간 문제를 둘러싸고 있던 시스템은 해체되어버린다.

그것이 다가 아니다. 일부러 불면증을 초래해서 오히려 더 쉽게 잠들었다면 그다음부터 불면증은 우리에게 호의적인 것으로 인지되게 된다. 심리학자 제럴드 위크스 Gerald Weeks 와 루치아노 라바테 Luciano L'Abate 는 자신들의 저서 《역설적인 심리치료 Paradoxe Psychotherapie 》에서 이렇게 밝혔다.[20]

"역설적인 심리치료는 증상을 친구로 여기고 증상을 감싸 안거나 증상과 협력한다. 증상을 피하는 대신 증상과 연대해서 증상으로부터 배운다. 마치 친구와 대화를 나누며 배우는 것처럼 말이다."

많은 사람들에게는 신비주의적으로 그럴 의도가 전혀 없었지만 들릴 수밖에 없는 말이다. 그런 이유로 바츨라비크는 '역설적인 개입'이라는 자신의 이론을 이해시키기 위해 끊임없이 다른 방법을 선택했다. 《불행해지는 기술

Anleitung zum Unglücklichsein》을 출간한 것도 그 방법 중 하나였다. 삶의 여유를 찾는 사람들에게 필독서가 된 이 얇은 책을 통해 그는 늘 불행을 하소연하는 사람들에게 다음과 같이 말한다.

"행복이 삶의 목표라고 하는, 수천 년의 역사를 자랑하는 허황된 이야기를 이제 그만둘 때가 되었다. 그리고 불행이 없다면 어떨지 생각해보고 인간에게 불행이 그야말로 뼈저리게 필요하다는 것을 인정해야 한다."[21]

비참한 상황을 개선하려면 문제를 더 적나라하게 강조하라

증상처방을 이용하면 중요한 프로젝트도 성사시킬 수 있다. 그 전형적인 예가 바로 독일의 작센안할트주에 있는 쾨텐이라는 도시에서 일어났다. 이 도시는 구동독의 다른 도시들과 사정이 비슷했다. 도시가 갈수록 피폐해지면서 일자리가 사라지자 젊은이들이 떠났으며 세수입은 점점 줄어들었다. 특히 폐가가 많은 루드비히슈트라세 거리는 쾨텐에서도 환경이 가장 열악했다. 결국 2006년 당국은 특별한 증상처방 전략을 써보기로 했다. 저널리스트 토비아스 팀[Tobias Timm]은 이 프로젝트를 다음과 같이 설명한다.[22]

"역설적 개입을 통해 처음엔 상황이 더 나빠진 것처럼 보였다. 밤이 되면 가로등을 모두 꺼버리고 흉물스러운 폐가들만 서치라이트로 환하게 비춰댔기 때문이다. 유령의 집처럼 끔찍한 그 모습을 보고 주민들은 그 거리가 얼마나 비참한 상황에 처해 있는지 실감하게 되었다. 그 자극이 효과를 나타내 이웃의 집주인들이 폐가들을 사들여 말끔하게 수리했다. 이제 그 동네는 밝은색으로 환하게 빛나고 있다."

문제가 있는 사람을 도우려면
기존의 행동을 고수하는 것이 옳은 일이라고 말하라

만약 우리가 이중구속에 끌어들이려는 사람이 전혀 동조해줄 마음이 없다면 어떻게 해야 할까? 여기에 대해서는 금방 대답할 수 있다. 그들이 동조하지 않더라도 신경쓰지 마라. 어차피 동조하게 되어 있으니까. 그것이 바로 상대방을 이중으로 구속하는 이중구속의 힘이다. 그뿐만이 아니다. 당신이 상대방을 그런 식으로 구속하면 스스로에게 해를 입히는 상대방의 행동도 사라진다. 왜냐하면 역설적 개입은 제일 먼저 상대방에게 자신이 고민하고 있는 바로 그 행동을 하도록 요구하기 때문이다. 예를 들어 결벽증으로 괴로워하는 사람에게 "자, 지금부터 더 열심히 정리를 하십시오!"라고 주문하는 것이다. 그다음에는 그처럼 증상을 강화시키는 것이야말로 결벽증을 고치기 위해 절대적으로 필요한 것임을 설명한다. 이 역설적인 방법의 핵심은 상대방이 변함없이 행동해야만 스스로를 변화시킬 수 있다는 것이다.

간단히 말해 "그냥 하던 대로 하라. 그래야만 다른 사람이 될 수 있으니까!"라고 요구한다면 결벽증 환자는 더 이상 버틸 수 없는 상황에 빠져든다. 바츨라비크는 이 방법에 대해 다음과 같이 말했다.

"그 요구에 따른다면 그는 일부러 결벽증 환자처럼 행동할 수밖에 없으므로 결국 진짜 결벽증 환자로서 행동하는 것이 불가능해지고 더불어 치료의 목적이 달성된다. 반대로 그 요구에 따르지 않을 경우 상대방은 증상과 거리가 먼 행동을 해야 하기 때문에 마찬가지로 치료의 목적이 이루어지는 셈이다."

한마디로 결벽증 환자에게는 원래의 모습을 그대로 유지할 여지가 남지 않게 된다. 상대방이 더 열심히 정리하라는 지시를 따르게 되면 그의 행동이 모든 형태의 불가피성을 상실하기 때문이다. 그러면 그는 자신의 행동을 마음대로 다스림으로써 필요에 따라 다르게 행동할 수도 있게 된다. 반대로 결벽증 환자가 이 지시를 절대 따르지 않겠다고 생각하는 경우에도 마찬가지로 결벽증이 치료된다. 지시를 따르지 않는 유일한 방법은 결벽증 환자 스스로가 행동을 그만두는 것이기 때문이다.

당신의 신경을 거스르는 사람을 통제하고 싶다면 오히려 상대방을 칭찬하라

회사에서 회의 시간에 어떤 수다쟁이가 자꾸 끼어들어 당신의 프레젠테이션을 방해한다면 그 사람에게 상냥하게 말해보라.

"끊임없이 중간에 끼어들어줘서 고맙습니다. 제 프레젠테이션에 도움이 되겠다고 생각되면 개의치 말고 언제든 방해해주십시오!"

내기를 해도 좋다. 그다음부터 수다쟁이는 입을 꽉 다물고 있을 것이다. 그렇게 말함으로써 당신은 그를 '더 이상 버틸 수 없는 상황'으로 몰아가는 셈이다. 그가 계속 방해한다면 그는 무슨 수를 써서라도 막으려고 했던 것, 즉 당신의 프레젠테이션이 성공적으로 끝나도록 도움을 주는 셈이다. 따라서 그가 프레젠테이션을 망치고 싶다면 당신의 요구대로 방해하는 행위를 당장 그만둘 수밖에 없다.

미친 사람을 막는 가장 좋은 방법은 더 미친 척하는 것이다

무슨 말인가 싶을 것이다. 스스로 추태를 부릴만한 상황은 도대체 어떤 경우일까? 다음과 같은 상황을 한번 가정해보자. 밤늦은 시각에 당신은 다른 승객 몇 명과 함께 지하철을 타고 가는 중이다. 잠시 후 문이 열리더니 건장한 체격의 청년 둘이 술에 잔뜩 취해 올라탔다. 그들은 반쯤 남은 맥주 캔을 바닥에 내던지는 등 한바탕 소란을 피웠다. 그러고는 불안에 떨고 있는 여자 승객에게 추근대기 시작했다. 그들이 여자 승객의 팔을 잡고 난폭하게 끌어안으려는 모습을 보고 당신은 더 이상 참을 수가 없었다. 하지만 당신은 건장한 체격도 아니고 술에 취하지도 않았으며 폭력에 대해 체질적으로 거부감을 가지고 있다고 가정해보자. 당신에게는 선택안이 많지 않다. 이런 경우 전문가들은 공격성을 부채질할만한 행동은 하지 말아야 하며 맞붙어 싸우는 일은 절대 금물이라고 충고한다.

"아무리 싸움을 잘하는 격투기 선수라도 같이 맞붙어서는 안 된다. 그런 상황을 해결하는 한 가지 방법은 완전히 미친 사람처럼 행동하는 것이다."

비폭력 전문가 올리버 뤽 Oliver Lück의 말이다.[23] 그는 누군가 다른 사람에게 칼을 들이대고 있다면 미친 사람처럼 소리를 지르라고 조언한다.

"여기 망할 놈의 분홍 코끼리들이 있다!"

뢰에 따르면 폭력범은 누구나 수년에 걸쳐 맞춰온 피해자 패턴을 마음속에 간직하고 있는데 미친 사람은 그 패턴에서 완전히 제외된다고 한다. 폭력범을 불안하게 하는 것이 있다면 바로 완전히 미친 사람이라는 것이다. 여기에서 '미쳤다'는 것은 공격자들의 게임 규칙에 응하는 대신 완전히 새로운 게임을 시작하려는 사람들의 특성으로 이해해야 옳다. 그러니 그 새로운 게임의 규칙도 그들 스스로 정하는 것이다. 정의로운 사람이 되고 싶다면 한번쯤은 미친 사람처럼 보이는 것도 감수할 만하지 않을까?

도를 넘지 마라! 그래도 도를 넘어야 한다면 신중하라

그렇다. 이 조언은 제2장 '상식과 법칙의 패러독스'에서 이미 나온 것이다. 그런데도 다시 이렇게 반복하는 것은 그만큼 중요하기 때문이다. 역설적 개입의 실질적인 효과는 예기치 않은 드라이브샷을 준비하고 다가가는 것에 있다. 상대방이 그 게임을 접해본 경험이 없어서 더 쉽게 말려들기 때문에 우리가 의도한 목표를 달성할 수 있는 것이다. 반대로 우리가 평범하지 않은 것을 익숙한 것으로 만들면 상대방은 단단히 경계하게 된다. 이번에는 "그냥 하던 대로 해. 그래야 다른 사람이 될 수 있으니깨"라는 말에 절대 넘어가지 않을 거야!

아니면 커뮤니케이션의 차원을 바꿀 시간이 충분하기 때문에 상대방이 역설적 개입에 대해 장광설을 시작할지도 모른다. 물론 그런 경우에는 새로운 이중구속으로 상대를 끌어들일 수도 있다. "나와 그 문제에 대해 대화하고 싶어하다니 대단한걸. 그러면 내가 너를 이중구속에 옭아매는 데 얼마나 도움이 되는지 몰라!"라는 식으로 말이다. 하지만 그렇게 되면 상황이 쓸데없이 복잡해져서 커뮤니케이션을 통제하는 데 어려움을 겪을 것이다. 왜냐하면 다음번에는 지난번 대화에서 어떤 식으로 대화했는가에 대해 대화하려는 상대방의 시도에 맞서 훨씬 복잡한 이중구속을 덧붙여야 하기 때문이다.

"지난번 우리가 그 문제를 놓고 어떤 식으로 대화를 나누었는가에 대해 나와 대화를 하고 싶어하다니 대단한걸. 그러면 내가 너를 이중으로 구속하는 이중구속에 옭아매는 데 얼마나 도움이 되는지 몰라."

이해하기 어려운 말 같겠지만 복잡한 상황을 다룬 이 챕터에 딱 어울리는 마무리 같기도 하지 않은가! 어쨌든 이런 식으로 도를 넘어서는 곤란하다.

How To
Think

6

무위의
패러독스

때로는 아무것도 하지 않는 것이 훌륭한 전략이 된다

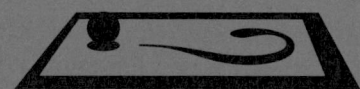

아무것도 하지 않아
영웅이 된 위인들

　오스트리아 작가이자 저널리스트이며 연극배우이기도 했던 에곤 프리델Egon Friedell은 '오스트리아의 혼'이라는 사설을 남겼다. 1926년에 쓰인 이 글은 〈프랑크푸르터 차이퉁〉지가 그에게 보낸 편지를 인용하면서 시작된다. 프리델이 크리스마스를 맞아 고국 오스트리아를 묘사하는 글을 써준다면 대단히 기쁘겠다는 내용이었다. 하지만 프리델은 그 편지를 받자마자 절친한 친구이자 동료 작가인 한스 자스만Hanns Sassmann에게 이렇게 말했다.

　"이런 일에는 별로 관심이 없다네. 그러니 자네가 글을 대신 써주게. 글이 너무 짧으면 안 되네. 글이 짧으면 잡담만 늘어놓는다는 말이 나올 테니 말일세."

　프리델의 요청을 받은 자스만은 빈 시내를 돌아다니며 프리델이 독일의 유력 일간지로부터 원고 청탁을 받았고 자기가 프리델

대신 그 글을 쓰게 되었다고 떠들어댔지만 실은 말과는 다르게 청탁받은 원고에 대해서는 전혀 신경쓰지 않았다.

결국 청탁 원고가 한 글자도 쓰이지 않은 것을 알게 된 프리델은 자스만에게 편지를 보냈다.

"어이없게도 자네가 〈프랑크푸르터 차이퉁〉에 보낼 사설을 까맣게 잊어버렸다는 걸 알게 되었네. 자네는 내게 막대한 손해를 입혔어. 그 사설이 내게는 지속적으로 원고 청탁을 받는 계기가 될 수도 있었으니까."

편지를 받고 화가 난 자스만은 다음과 같은 답장을 보냈다.

"이제까지 빈의 중요한 사교 모임에서 무명이었던 자네가 갑자기 가장 유명한 인물로 떠오른 것은 모두 사설을 써달라는 그 신문사의 청탁을 나 몰라라 했기 때문이지. 그리고 그건 다 내 덕분이란 말일세."

그러자 프리델은 자스만을 조롱하듯 이런 편지를 보냈다.

"친애하는 자스만, 오스트리아에서는 눈에 띄게 아무 일도 하지 않아야만 위대한 사람이 되는가보군. 오스트리아 최후의 황제 요제프는 아무 개혁도 시행하지 않았기 때문에 크게 주목을 받았고, 요제프 2세를 도와 활약했던 명장 라우돈은 프리드리히 대제를 이기지 못해 세간의 관심을 끌었지. 그런가 하면 존경받는 빈의 시장 칼 뤼거는 빈을 위해 아무것도 하지 않음으로써 대단한 각광을 받았네. 자네 말이 맞네. 〈프랑크푸르터 차이퉁〉을 위해 글을 쓰지 않은 사람은 많지만 그 덕분에 빈의 유명인이 된 사람은 아마도 없을 걸세. 그들은 하나같이 재능이 없었던 거지. 오스트리아 사람다운 재능 말일세."

나는 이 일화를 다룬 프리델의 사설을 오스트리아인의 특성에 대한 고상한 풍자나 역설적인 말장난〈프랑크푸르터 차이퉁〉에 실을 사설을 쓰지 못한 일에 관한 프리델의 사설이 1926년 바로 〈프랑크푸르터 차이퉁〉에 실렸으니 말이다. 으로 여기는 것은 부당한 일이라고 생각한다. 프리델이 자스만에게 마지막으로 보낸 편지에 두 가지 생각이 함축되어 있기 때문이다. 우선 프리델은 게으름을 그다지 환영받지 못할 성향으로 여기고 있다. 앞서 언급한 오스트리아의 역사적 인물들은 프리델에게 있어 자신의 책임을 다하지 않고도 어떻게 위인으로 추앙받을 수 있는가를 단적으로 보여주는 예일 뿐이다.

오히려 그의 말은 우리가 잘만 이용한다면 무위를 통해 이룰 수 있는 것이 있음을 시사하고 있다. '위대한 사람'이 되는 것이 모든 사람의 관심사는 아니겠지만 어쨌든 프리델은 '아무것도 하지 않는 일'이 일종의 전략이 될 수 있다고 이야기한 것이다. 그러므로 많은 비난을 받는 이 행동양식의 기본 메커니즘을 좀더 자세히 조사함으로써 우리에게 쓸모 있게 만드는 것이 의미가 있지 않을까 싶다. 물론 항상 그럴 수 있는 것은 아니지만 말이다.

독일의 전 총리 헬무트 콜Helmut Kohl의 이야기를 들으면 아무것도 하지 않는 것도 효과적인 전략이라는 것에 대해 진지하게 생각해볼 수 있을 것이다. 그는 가히 무위의 화신이라 할 수 있는 인물이다.

'가만 앉아계십시오, 콜 총리님!'

1989년 4월 〈슈피겔〉지는 독일 총리가 행동에 나설 가능성에 대해 이런 제목의 기사를 실었다.

"적어도 1990년에 있을 선거일까지는 가만 앉아 있는 것이 좋다. 가만 앉아 있는 것은 콜 총리의 고난도 기술이기도 하다."

'고난도 기술'이라는 말은 물론 부정적인 뜻으로 쓰인 것이다. 그렇지만 그 말에는 훗날 콜 총리에 대한 평가에서 거듭 강조되는 것처럼 약간의 존경심이 담겨 있는 것도 사실이다.

2005년 당시 독일 헤센주 주장관이었던 롤란트 코흐^{Roland Koch}는 헬무트 콜의 75번째 생일을 맞아 그를 이렇게 평가한 바 있다.

"단기정책에 의존하는 임기응변주의나 일관성 없는 태도는 그와 거리가 멀었다. '가만 앉아 있다'는 말은 사실 헬무트 콜이 중요한 것과 덜 중요한 것을 매우 잘 구분할 줄 아는 사람이었기 때문에 받은 비난이었다."

이처럼 인물에 대한 평가는 세월이 흐르면서 얼마든지 바뀔 수 있다. 그러니까 그저 때를 기다리며 무위에 충실하는 것도 훌륭한 전략이 될 수 있다.

실체가 없는 무위를
어떻게 전략으로 이용할 것인가

하지만 무위의 효율성에 대해 설명하고 평가하려는 시도에는 근본적인 문제점이 있다. 바로 무위라는 것이 실존적 근거를 갖지 못한다는 사실이다. 행해지거나 일어나지 않은 일에 대해 무슨 말을 하겠는가? 그렇다고 존재하지 않는 것을 가지고 쓸데없이 고민할 필요가 없다고 생각한다면 대단한 오산이다.

2007년 세계은행 전 총재 폴 월포위츠Paul Wolfowitz가 터키의 서쪽 도시 에디르네에 있는 유명한 셀리미예 사원을 방문했을 때의 일을 잠깐 소개하고자 한다. 당시 사원에는 공교롭게도 신발을 벗고 들어가야 했다. 월포위츠는 어쩔 수 없이 주춤주춤 신발을 벗었고 양말의 양쪽 엄지발가락 부분에 구멍이 크게 뚫려 있는 것을 주변 사람들 모두에게 들키고 말았다. 이 사건을 두고 일간지 〈쥐트도이췌 차이퉁〉은 "그것으로 월포위츠는 세계은행의 역사에서 분명하게 자리매김을 한 셈"이라고 보도했다.[1]

우리가 이번 챕터에서 논할 '무위'는 월포위츠의 양말에 난 구멍 같은 존재라고도 볼 수 있겠다. 구멍은 양말의 일부이면서 동시에 양말의 없는 부분이기도 하다. 이 구멍이 지니는 정치적 의미, 그리고 월포위츠가 긍정적인 정치적 이미지를 얻는 과정에서 실제로 의도를 갖고 한 행동이 없었다는 점에 대해서는 한번 생각해볼 필요가 있다.

눈에 보이지도 않고, 구체적으로 존재하는 것 같지도 않은 형태의 무위의 효과에 대해 알아낼 방법은 그 전후 상황을 살펴보며 접근하는 것이다. 누군가 도끼로 나무를 찍어 넘기는데 하필 그 나무가 어떤 자동차 위로 쓰러진다든가, 누군가 횡단보도 옆으로 태연하게 길을 건넌다든가하는 것들 말이다. 이들은 개별적으로는 거의 인지하지 못할 만큼 하찮아 보일지도 모르지만 어쨌든 모두 행위^{conduct}라고 할 수 있다.

이처럼 행위란 무언가를 하고 싶어서 그리고 어떤 목표를 이루기 위해서 의지를 갖고 하는 것이다. 인간은 그 행위를 하면서 자신이 무엇을 하는지 ^{도끼로 나무를 찍는다.} 알고 있다. 그리고 그 결과 ^{나무가 넘어간다.} 도 잘 알고 있다. 때로는 계획하지 않았던 일 ^{나무가 자동차 위로 쓰러진다.} 이 일어나기도 하지만, 그 일 모두 어떤 의지를 가지고 행해진 결과이기 때문에 행위자가 그것에 책임을 지는 것이 마땅하다.

한편 잠을 자는 사람은 행위를 하고 있는 것이 아니다. 비록 잠을 자면서 몸을 뒤척이거나 말을 하기는 해도 그런 것은 행위가 아니라 행동^{behavior}이라고 일컬어진다. 행동은 의도하지 않고 무언가를 행하는 것이기 때문에 행위와는 근본적으로 차이가 있다. 심리분석가 프리츠 지몬은 '잠'을 예로 들어 행위와 행동의 미묘한 차이점을 설명했다.

"잠을 자기 위해 침대로 가는 것은 행위이고, 그다음에 잠이 드

는 것은 행동이다."²

행위와 무위가 서로 밀접한 관계가 있음을 보여주는 이야기는 수없이 많다. 우선 경제 분야의 예를 보자. 수많은 분석가들이 이 기업의 주가가 연일 상승세인 이유와 원인에 대해 쉬지 않고 떠들어댔다. 혁신적인 제품을 개발한 덕분이라고 하는가 하면 쉽게 이해되는 운영체제나 새로운 시장을 개척한 덕분이라는 분석도 나왔다. 하지만 모두 어딘가 알맹이가 빠진 것처럼 들린다. 오랜 기간 이 기업의 CEO였던 존 스컬리 ^{John Sculley} 역시 그것에 대해 이야기했었다.

불교적 무위를 경영방침으로 삼은 스티브 잡스

1983년 스컬리가 애플의 창업주에게서 질문을 받고 펩시를 떠나 애플로 옮겨오게 되었다는 일화는 유명하다.

"설탕물이나 팔면서 여생을 보내시겠습니까, 아니면 세상을 바꿀 기회를 얻으시겠습니까?"³

이 독창적인 질문을 던진 사람은 바로 스티브 잡스였다. 그렇게 해서 두 사람은 함께 손을 잡고 획기적인 디자인과 미래 지향적인 광고를 내놓는가 하면 최초의 맥 컴퓨터를 출시하기도 했다.

그러나 스티브 잡스는 스컬리와의 권력싸움에 밀려 1986년 회사를 떠나야만 했다.

오랜 시간이 지난 후 스컬리는 자신이 애플을 경영하던 시절을 떠올리면서[4] 스티브 잡스의 독특한 방식이야말로 성공적인 경영의 방법이라고 말했다. 잡스는 "가장 중요한 결정은 어떤 일을 할지가 아니라 어떤 일을 하지 않을지를 정하는 것"이라고 믿었다고 한다.[5] 다시 말해 CEO는 직원들에게서 최고의 성과를 이끌어내야 할 뿐만 아니라 아무것도 하지 않는 것이 최선일 때가 언제인지를 알아야 한다는 것이다.

그렇다고 해서 스티브 잡스를 단순히 철저한 무위가로만 생각해서는 안 된다. 그는 확고한 행동가이기도 했다. 이 말은 모순적이기 때문에 얼핏 들으면 이해가 되지 않을 것이다. 이 역설을 해결할 간단한 방법이 하나 있다. 바로 시간을 끌어들이는 것이다. 다시 말해 행위와 무위의 전략을 동시에 따르는 것이 아니라 양극 사이를 왔다 갔다 하면서 행한 다음 행하지 않고 다시 행한 다음 다시 행하지 않고를 반복하는 것이다. 언제 조이고 언제 풀어야 할지를 아는 것이 훌륭한 축구 전략인 것처럼 말이다. 이 간단한 방법을 받아들이면 모순이 해결될 뿐만 아니라 행위와 무위, 두 가지를 모두 충족할 수 있다.

만약 스티브 잡스의 능력 행위와 무위 사이를 마음대로 오가는 능력을 인정하는 사람이라면 행위와 무위 중 어느 것이 그의 성공 요인인지를 따지는

것은 무의미하다고 생각할 것이다. 그럼에도 그것을 굳이 따져보겠다고 고집하는 것은 숨

을 들이쉬는 것과 내쉬는 것 중에 무엇이 더 중요한지를 반드시 알아내고 말겠다는 것이나 마찬가지다. 그러므로

행위와 무위 중에 무엇이 더 중요한가라는 질문에 대한 대답은 둘

다 아니거나 둘 다일 수밖에 없다.

물론 이것으로 스티브 잡스가 어떤 행위를 했고 그의 무위가

어떤 기능을 했는지 모두 설명할 수 있는 것은 아니다. 존 스컬리

의 평가에 따르면 스티브 잡스의 전략적 사고는 두 가지로 압축된

다. 첫째, 그는 철저하게 사용자의 입장에 맞춘 제품을 생산할 것

을 주장했다. 둘째, 잡스는 사용이 간편한 명확한 디자인을 중요

시했다. 스컬리가 예로 드는 일화에는 디자인에 대한 잡스의 강박

관념이 여실히 드러난다.

"잡스는 컴퓨터 내부에 들어가는 부품의 배치까지, 고객이 들

여다보지도 않을 부분까지 자신의 요구를 충족시켜야 한다는 입

장이었다. 초기 매킨토시 컴퓨터의 경우 본체를 아예 열지 못하게

제작했는데 이유는 누군가 이 컴퓨터의 디자인에 대해 이러쿵저

러쿵 평가하는 것을 견딜 수 없었기 때문이다. 그가 생각하는 대

로 모든 것이 완벽하고 명확하며 단순해야 했다."

이처럼 잡스는 기술과 장치와 디자인의 최소화에서 해법을 찾

았다. '더 많이'가 성공에 이르는 유일한 길이라고 생각하던 기술

기업들과는 극명하게 대조되는 원칙이다.

잡스가 이처럼 단호하게 축소와 무위의 기술을 고집한 이유는

무엇일까? 그에게 그 기술은 전략적인 계산이 아니라 몸에 배어 있던 생활방식이었다.

"스티브의 집에 갔던 날이 지금도 잊히지 않는다. 그의 집에는 가구가 거의 없었다. 그가 존경했던 아인슈타인의 사진, 티파니 램프, 의자 하나, 침대가 전부였다. 그는 물건을 많이 늘어놓는 것을 좋아하지 않았다. 뭔가 선택할 때는 더할 나위 없이 신중했다."[6]

1980년대에 찍은 유명한 사진에서도 스티브 잡스는 커다란 방 한가운데 놓인 매트 위에 가부좌를 하고 앉아 있다. 티파니 스탠드 램프가 희미하게 밝히고 있는 그 방에는 흰색 스피커가 달린 스테레오 장치와 LP판 몇 장 그리고 잡지 몇 권뿐이다. 그의 오른손에는 찻잔이 들려 있다.

이 사진의 분위기는 잡스에 대해 알려져 있는 사실, 즉 그가 불교를 믿는다고 고백한 사실과 딱 들어맞는다. 이 종교가 몇 가지 기본 법칙을 토대로 삶의 이면을 바라보려고 한다는 점을 감안하면 아이폰, 아이팟, 아이패드 같은 애플 제품들은 불교가 기술로 발현된 것이라는 논리까지 세울 수 있을 것 같다. 이는 제2장에서 설명한 인간의 성향, 즉 복잡한 세계를 단순한 법칙으로 축소해 이해하려는 성향의 이상적인 모습이라고 할 수 있다. 잡스는 죽는 날까지 자신의 철학과 불교에 충실했다.

존 스컬리는 잡스에 대해 이렇게 회고했다.

"나는 애플의 초창기부터 그를 지켜봤지만 원칙에 대한 그의 태도가 바뀌는 것을 한 번도 보지 못했다. 나날이 그 원칙을 적용하는 솜씨가 좋아졌다는 점만 제외하고 말이다."

무위의 가치는 구체적인 전후상황에 따라 달라진다

물론 애플과 잡스는 아주 보기 드문 경우이기 때문에 이 사례에서만 성공 비결을 얻어내려고 하는 것은 옳지 않다. 우리에게는 행위와 무위의 가능성을 더 넓은 고리의 형태로 알아보려는 노력이 필요하다. 이제부터 긍정적인 무위와는 달리 인간을 파멸로 몰고 가는 부정적인 무위에 대해 이야기해보고자 한다.

이 이야기를 위해 호숫가 공원 벤치에 꼼짝하지 않고 앉아 있는 한 남자를 상상해보자. 아마도 당신은 그를 쳐다보며 '무슨 일일까?' 궁금해지기 시작할 것이다. 오리가 호수 위를 떠다니고 사람들이 숨을 헐떡거리며 조깅을 하던 평화로운 풍경을 깨고, 갑자기 누군가 호수에 빠졌다. 그는 두 팔을 버둥대며 살려달라고 도움을 청하고 있다. 하지만 벤치에 앉아 있는 남자는 역시 아무것도 하지 않은 채 허공을 응시하고 있다. 이 경우, 그의 무위는 매우 옳지 않게 느껴질 뿐만 아니라 실제로 형사처벌의 대상이 된다. 독일형법 323-C 조항에 의해 이 남자의 무위는 '구명태만'이라는 죄에 해당한다.

법이라는 관점에서 무위가 부정적인 것으로 여겨지는 상황은 수없이 많다. 예컨대 벤치에 앉아 있던 남자를 이번에는 주택 안으로 옮겨보자. 이 남자가 누군가를 해칠 의도 없이 일주일 내내 집 안에만 꼼짝 않고 틀어박혀 있었다고 하더라고 얼마든지 법적으로 곤경에 처할 수 있다. 그가 무심하게 집 안에만 틀어박혀 있는 동안 어느 행인이 그의 집 앞에 쌓여 있는 눈에 미끄러져 팔이 부러지는 바람에 그를 고소할 수도 있기 때문이다. 집주인은 다른 사람들이 자기 집 앞을 안전하게 지나갈 수 있도록 신경쓸 의무가 있다. 그 의무를 불이행하면 처벌받게 된다.

이런 상황들은 비교적 쉽게 이해가 가는 상황이다. 반면 판단을 내리기가 쉽지 않은 경우도 있다. 때로는 어떤 범죄의 피해자가 해당 범죄에 어느 정도 공동 책임이 있지 않은가 하는 의문이 제기될 수도 있으니 말이다. 그러면 대부분은 '뭐라고? 피해를 당한 것도 억울한데 그런 의심까지 받아야 해?'라는 생각이 들 것이다. 하지만 그런 의심을 받을 수밖에 없다. 만약 상황을 멈추거나 바꿀 수 있었음에도 태만하게 가만있었다는 사실이 밝혀지면 피해자에게도 어느 정도 공동 책임이 있다고 보는 것이 맞다.

이와 관련하여 베를린 홈볼트대학에서 형법을 가르치고 있는 타탸나 회르늘레 Tatjana Hörnle 교수는 이렇게 논한다.

"원칙적으로 자신을 보호할 의무는 없다. 그러므로 어느 누구도 우리에게 무기를 들고 집 밖으로 나가라고 요구할 수는 없다.

그렇지 않으면 우리가 원하는 대로 살 수 있는 자유를 부당하게 구속받게 될 것이다. 하지만 개인의 자유에 대한 이 권리가 우리에게 어떤 일이 일어났을 때 항상 죄 없는 피해자로만 간주되는 것을 보장해주지는 않는다. 심지어는 피해자가 자신을 보호할 의무를 불이행했다는 이유로 가해자에게 주어지는 법적 처벌이 완화되는 경우도 있다. 성폭행 피해자를 예로 들면, 상대방이 자신의 거부 의사를 존중할만한 사람이 아니라는 것을 충분히 자각하고 있었음에도 불구하고 그에 상관없이 친밀한 관계를 맺어 사달이 난 경우에는 피해자도 공범이 된다."

이처럼 어떤 경우에 어느 정도까지 공동 책임을 져야 하는가에 대해 법은 구체적인 상황, 즉 피해자의 경솔함이나 가해자와 피해자 사이의 약속 등을 고려해야만 설득력 있는 답변을 내놓을 수 있다. 그리고 법의 판결이 어떤 식으로 내려지든 간에 행위의 결과와 마찬가지로 무위의 결과에 대해서도 깊이 생각해봐야 하는 것이 우리의 기본적인 의무라는 사실은 변함이 없다. 하지만 대부분의 사람들은 행위와 무위를 완전히 별개로 보는 성향이 있다. 인지심리학자들의 연구결과를 보면 그 이유를 짐작해볼 수 있다.

1995년 심리학자 토머스 길로비치Thomas Gilovich와 빅토리아 메드벡Victoria Medvec의 실험결과 인간은 무위로 인한 불쾌한 결과보다 행위에 따르는 달갑지 않은 결과를 더 유감스러워하는 것으로 밝혀졌다.[7] 다시 말해 우리는 아무것도 하지 않고 나쁜 결과가 나왔을 때보다 어떤 시도가 실패했을 때 더 크게 상심한다는 것이다.

취리히공대의 심리학 교수 미하엘 지그리스트Michael Siegrist도 사람들이 예방접종을 꺼리는 이유에 대해 이와 비슷한 의견을 내놓았다.[8]

"행위의 결과는 무위의 결과보다 훨씬 크게 부각된다. 예컨대 부모들은 아이가 예방접종을 받지 않아 사망했을 때보다 예방접종으로 인해 사망한 경우에 훨씬 더 자책하는 경향이 있다."

예방주사를 맞힌 후에 아이가 아프면 우리는 스스로를 탓한다. 반면 아이가 예방접종을 받지 않아 아프다면 우리는 자기 자신뿐만 아니라 세상의 모든 것을 탓하는 성향이 있다. 무위에 따르는 결과에 대해서는 운명이나 불가피한 상황까지 탓하게 되는 것이다.

그런데 길로비치와 메드벡은 한 가지 조건을 덧붙임으로써 문제를 더 복잡하게 만들었다.

"그러나 시간이 지나면 감정 상태가 바뀌면서 하지 않은 일을 더 많이 생각하는 경향이 있다. 우리가 하지 않은 일과 그래서 지불해야 했던 대가가 시간이 지나고 나서야 자각되는 것이다. 한마디로 장기적으로 보면 무위의 부정적인 결과가 행위의 부정적인 결과보다 더 심한 고통을 안겨주는 셈이다."

노벨경제학상을 받은 경제학자이자 심리학자인 대니얼 카너먼

Daniel Kahneman은 이에 이의를 제기했다.

"무위의 결과는 길로비치 일행이 주장하는 것만큼 나쁘지 않다. 물론 인간이 그 결과에 몰두할 수는 있다. 하지만 인간은 어떤 상황에서 아무것도 하지 않았다는 생각을 하면서 단지 애석해할 뿐이다. 그리고 이 느낌은 특별히 큰 부담이 되지는 않는다. 자신의 미숙했던 행동에 대한 불쾌감이 그보다 훨씬 큰 비중을 차지한다."

길로비치와 메드벡 그리고 카너먼은 이 문제에 대해 3년 동안 논쟁을 벌인 끝에 〈다양한 후회의 유형 Varieties of Regret〉이라는 제목으로 공동 논문을 발표했다.[9] 논문에서 세 사람은 자신들의 견해차에 대한 '부분적 해법'을 제시했다.

"인간이 아무것도 하지 않아서 발생한 일의 결과에 애석해할 때는 그다지 심각한 경우가 아니다. 반면에 그로 인해 고통을 당하는 경우라면 이를 심각하게 생각해야 한다."

어쨌든 이런 타협안에서 두 가지 중요한 경향을 엿볼 수 있다. 첫째, 인간은 무위의 결과에 대한 감각중추를 가지고 있어서 그 결과를 분명하게 자각한다. 그리고 둘째, 인간의 감정은 상황이나 시점에 따라 그 색채나 강도가 달라진다.

아무것도 하지 않으려는 성향은
언제 그리고 왜 나타나는가?

　미국의 심리학자 크리스토퍼 앤더슨Christopher Anderson의 도움을 받아 무위의 또 다른 양면성에 대해 알아보자. 앤더슨은 아무것도 하지 않는 우리의 성향이 언제 그리고 왜 나타나는지에 대해 네 가지 가설을 제시했다.[10]

　첫번째는 '현상 유지 편향 Status Quo Bias', 즉 모든 것을 지금 상태 그대로 유지하려는 성향이다. 자신에게 어떤 선택안이 최선인지 모르는 사람은 어떤 방향으로 과감하게 나아가기보다는 현재의 상태를 지키려 한다는 것이다. 어쩌면 나아가려는 방향이 잘못된 것일 수도 있기 때문이다. 게다가 지금 여기에 있는 것은 그럴만한 이유가 있어서라는 나름의 확신도 한몫한다. 여기까지 오기 위해 많은 노력을 기울였고 지금까지 모든 것이 순조로웠다. 그런데 굳이 결과가 불확실한 새로운 것을 시작할 필요가 있을까라는 생각을 하는 것이다.

　두번째는 '부작위 편향Omission Bias'이다. 이는 어떤 행위를 더 위험한 선택안으로 여겨서 아무것도 하지 않는 편이 낫다고 생각한다는 것이다. 마치 아이들에게 예방접종을 맞히는 것이 훨씬 이치에 맞는 일임을 알면서도 염려스러운 나머지 아무것도 하지 않고 가만히 있게 되는 것처럼 말이다. 만약 아이가 예방접종을 받고 아프기라도 한다면 모든 책임이 자신에게 돌아온다. 반대로 예방접종을 받지 않고 아이가 홍역에 걸리면 유치원의 위생 상태를 탓하거나 운명을 탓할 수 있다. 그러니까 아무것도 하지 않는 편이 낫다는 것이다.

세번째는 '무행동 관성Inaction Inertia'이다. 이는 이해하기가 쉽지 않다. 앤더슨은 이렇게 설명한다.

"한 번 매력적인 기회를 놓친 사람은 다음 기회가 찾아왔을 때도 행동하지 않을 확률이 높다. 그뿐만이 아니다. 만약 첫번째 기회에서 얻을 수 있었던 이익보다 두번째 기회에서 얻을 이익이 적다는 것을 알게 된다면, 두번째 기회에서 아무것도 하지 않으려는 성향이 더 강해진다."

1995년 피험자들을 대상으로 스키이용권을 사게 하는 실험을 실시한 적이 있다. 1차 실험에서 첫번째 그룹은 정상가가 100달러인 스키이용권을 40달러에 구매할 기회가 주어졌는데도 사지 않았다. 그리고 두번째 그룹은 80달러에 구매할 기회가 있었지만 역시 사지 않았다. 세번째 그룹에게는 아예 구매 기회가 주어지지 않았다. 이어서 2차 실험에서는 세 그룹 모두에게 스키이용권을 정상가보다 10퍼센트 싸게90달러 구매할 기회가 주어졌다. 그 결과 두번째와 세번째 그룹은 얼른 스키이용권을 구매했다. 반면 첫번째 그룹은 스키이용권에 별로 관심을 보이지 않았다. 이 실험에 참여했던 심리학자 오리트 티코친스키Orit Tykocinski는 첫번째 그룹

이 '사후가정사고 counterfactual thinking' 방식에 따라 생각했기 때문에 그런 결정을 내렸다고 본다.[11] '스키이용권을 40달러에 구매할 기회를 놓치지 않았다면 50달러나 비싸게 사지 않아도 될 텐데'라고 그들은 생각했다는 것이다. 현재 상황을 토대로 결정하지 못하고, 놓쳐버린 기회에 미련을 갖고 결국 아무것도 하지 않은 것이다.

네번째 근거인 '선택 연기 Choice Deferral'는 일단은 아무런 선택도 하지 않기로 결정하는 상황을 말한다. 시간을 벌기 위해서, 다른 대안을 찾기 위해서, 각 대안의 장단점에 대해 깊이 생각해보기 위해서, 책임지지 않기 위해서 등 그 이유는 다양하다.

바로 이 네번째 설명 근거로 인해서 우리가 무위적인 성향을 보이는 것에 대해 깊이 생각해봐야 할 이유가 생긴다. 그 가운데 가장 중요한 이유는 인간이 불확실한 순간에 아무것도 하지 않는 것은 의식적인 결정에 의한 것이 아니라는 사실에 있다. 인간은 전체 배경에 대해 심사숙고한 다음 아무 행위도 하지 않기로 결정하는 것이 아니다. 선택 연기의 경우는 예외일 수도 있다. 그보다는 내면에 깊이 뿌리박힌 루틴에 기반한 무위의 전략으로 불확실한 느낌에 대응하는 것이다. 그리고 우리가 이미 알고 있는 것처럼 루틴은 대부분 무의식적으로 작용한다. 그러므로 인간은 자유의지에 의해서가 아니라 자동적으로 아무 행위도 하지 않는 것이다.

신중한 무위로 핵전쟁을 막은
아찔했던 순간

　루틴은 일상생활에서 도움을 주는 때도 많지만 반대로 곤경에 빠뜨리는 경우도 많다. 하지만 루틴의 치명적인 영향을 인지하기는 쉽지 않다. 따라서 복잡한 현실을 다스려보려는 시도와는 별로 상관없는 외부인에게 조언을 구하는 것도 한 가지 방법이 될 수 있다. 외부인이라면 밖에서 인간 시스템을 조망함으로써 루틴의 치명적인 영향을 인지할 수도 있을 테니 말이다.

　그렇다고 우리가 지금 어떤 상황에 처했는지 다른 사람들에게 끊임없이 물어볼 수는 없기 때문에 우리에게 남아 있는 유일한 가능성은 자신이 하루 종일 무엇을 하는지를 직접 파악해보는 것이다. 그래야만 지금 하는 일을 멈추고 '무위 모드'로 바꿀 수 있기 때문이다. 아무것도 하지 않으면 사건의 진행이 중단된다. 그 상황에서 벗어나지는 못할지라도 최소한 사건들이 서로 맞물려 예기치 않은 방향으로 발전하는 것을 잠깐이나마 막을 수는 있을 것이다.

　1983년 9월 26일, 하마터면 핵전쟁이 터져서 지구가 종말을 맞이할 뻔했다.[12] 그 당시 어떤 상황이 벌어졌었는지를 이해하려면 먼저 1983년은 냉전이 극에 달했던 시기였음을 염두에 두어야 한다. 미국의 로널드 레이건 대통령은 그해 3월에 소비에트

연방을 '악의 제국'이라고 명명했으며 미국이 퍼싱Pershing II를 비롯한 신형 핵미사일을 서유럽에 배치하면서 긴장 상황은 더 심각해졌다.

소련의 유리 안드로포프 서기장은 레이건의 발언을 진지하게 받아들여 미국이 소련을 기습공격할 것이라고 확신하고 있었다. 1983년 9월 1일_{역사에 길이 남을 그날 밤을 3주 앞둔 시점이었다.} 기어코 사건이 터지고야 말았다. 사할린섬 부근에서 소련 영공을 침범한 대한민국의 대한항공 보잉 747 민간기가 군용기로 오인받아 소련 전투기에 의해 격추된 것이다. 269명의 탑승객 중 생존자는 단 한 명도 없었다. 이 사건으로 미소 양국의 갈등은 깊어졌고 서로를 더욱 불신하며 다양한 방법으로 상대에 대한 감시에 열을 올렸다.

그러던 중 소련은 모스크바 부근에 있는 것으로 알려진 비밀 통제센터에서 미국이 대륙간핵탄도미사일을 배치해놓은 것으로 짐작되는 곳을 발견했다. 인공위성의 지원을 받는 소련 측의 감시시스템은 수년 동안 단 한 번도 오작동을 한 적이 없을 만큼 높은 정확도로 정평이 나 있었다. 감시시스템의 임무는 소련의 수뇌부에게 최대한 빨리 미국 측의 공격을 알리는 것이었다. 경보가 울리면 수뇌부는 즉시 핵미사일로 반격하라는 결정을 내리게 되어 있었다. 미국이 대륙간핵탄도미사일을 발사하고 나서 소련이 반격하기까지 소요되는 시간은 고작 30분 정도였다.

그날 밤 감시시스템을 지휘한 사람은 스타니슬라프 페트로프

stanislav petrov 중령이었다. 그의 근무 시간은 저녁 8시부터 다음날 아침 8시까지였다. 그는 당시 상황을 이렇게 회고했다.

"전자시계가 0시 25분을 가리키는 순간 갑자기 경보음이 고막을 찢을 듯이 요란하게 울렸습니다. 거대한 계기판에 'START'라는 빨간 불이 들어와 있었죠. 감시시스템이 미국 기지에서 대륙간 탄도미사일이 발사된 것을 탐지해낸 것 같았습니다!"[13]

페트로프 중령은 사태를 파악하기 위해 잠시 주춤했다. 곧 그는 미국 측의 미사일이 발사됐다는 메시지를 자기뿐만 아니라 소련의 수뇌부도 받았을 거라는 생각이 들었다. 동시에 '즉시 행동을 취해야 한다!'고 생각했지만 실상은 아무것도 하지 않았다. 전화를 걸어 미사일이 발사된 것이 맞다거나 혹은 아니라는 보고 조차도 하지 않았다.

"25분 내지 27분 후면 미사일이 이곳에 떨어진다는 것을 잘 알면서도 저는 1분을 그냥 흘려보냈습니다. 그리고 2분, 또 3분의 시간이 그냥 지나갔죠. 신중할 수밖에 없었습니다. 그때 두번째 미사일이 발사되었다는 경보음이 울리기 시작했지만 저는 계속 망설였습니다. 이상하게도 경보만 계속 울릴 뿐 레이더에는 아무것도 잡히지 않았기 때문이죠. 결국 저는 경보가 오작동해서 소동이 벌어졌다고 보고했습니다. 전화 통화를 하는 동안 또다시 세 대의 미사일이 발사되었다고 표시되었지만 레이더 관측에서는 미사일이 한 대도 보이지 않았기 때문에 제 판단이 맞을 거라고 생각했습니다.”

페트로프는 자신의 생각이 맞기를 바라며 초조하게 시간을 보냈다. 미사일이 발사되고 나서 얼마간의 시간의 흐른 후에 다시 한번 발사 여부를 확인해주는 다른 레이더 경보시스템의 회신이 도착할 때까지 그는 기다리고 또 기다렸다. 그리고 13분이 지나자 레이더 시스템이 ‘미사일 없음’이라는 회신을 보내왔다.

페트로프는 무위와 행위를 차례로 잘 이용함으로써 지구의 종말을 막은 영웅이 되었다. 처음에 그는 3분의 시간을 그냥 흘려보냄으로써 스스로 아무 행위도 하지 않기로 작정했다. 그다음에는 다른 사람들도 가만있도록 설득하기 위해 경보기가 오작동한 것이라고 보고함으로써 행동을 취했다. 그러고는 세 대의 미사일이 더 발사되었다는 경보에도 불구하고 아무것도 하지 않고 자신의 판단이 옳았다는 확인을 받을 때까지 기다렸다.

스타니슬라프 페트로프는 세계 평화에 이바지한 공로로 수차례 표창을 받았다. 그에게 상을 수여한 사람들은 그가 용감한 행위보다는 용감한 무위 덕분에 상을 받게 되었음을 알고 있었을까? 조사결과 인공위성이 햇빛을 핵미사일 발사 시에 발생하는 섬광으로 오인하면서 경보가 오작동된 것으로 밝혀졌다.

독일 초우량 유통그룹 알디는
침묵으로 경영한다

　스타니슬라프 페트로프 중령이 아무 행위도 하지 않은 순간에 대해서는 명확하게 설명이 가능하다. 하지만 다음 사례로 소개할 독일의 대형 유통 체인사 알디^{Aldi}의 경영진이 수십 년 동안 자체평가를 거부하며 아무것도 하지 않으려 하는 것은 설명하기가 쉽지 않다. 이는 알디라는 기업이 개인 소유이기에 가능한 일이다. 1980년대 알디에서 요직을 맡았던 디터 브란데스^{Dieter Brandes}는 이렇게 말했다.

　"알디에서는 커뮤니케이션이라는 말이 단 한 번도 주제가 되었던 적이 없습니다. 언제나 '우리는 아무 말도 하지 않는다'는 태도를 분명히 했죠. 알디의 경영진은 설문조사조차도 서신으로 정중하게 거절했습니다."¹⁴

　그는 알디를 북부와 남부로 나눠가졌던 알브레히트 형제 가운데 북부의 소유주인 테오 알브레히트^{Theo Albrecht}와 같이 일했다. 알브레히트 형제는 기업을 둘로 나눴지만 커뮤니케이션과 관련해서는 한마음으로 무위의 입장을 고수했다. 지점이 4,400여 개에 이르고 직원 수가 20만 명이나 되며 연매출을 500억 유로나 올리는 독일 굴지의 초우량 기업이 취한 이 전략은 무척이나 흥미롭다.

하지만 알디가 아무 말도 하지 않는다고 해서 정말 아무 말도 하지 않은 것은 아니다. 왜냐하면 파울 바츨라비크가 강조하고 있듯이 "사람은 커뮤니케이션을 하지 않을 수가 없기 때문"이다.[15]

"어떤 행위를 하든 또는 아무 행위도 하지 않든, 말을 하든 또는 침묵을 지키든 이는 모두 의사전달의 성격을 띠고 있다. 일례로 발 디딜 틈 없는 대기실에서 두 눈을 감고 앉아 있는 사람은 자신에게 말을 걸지 말아달라는 의사를 전달하고 있는 셈이다. 대개는 다른 사람들도 대부분 이 신호를 이해하고 그를 가만 내버려둔다. 이것은 활발한 대화 못지않은 적극적인 커뮤니케이션 방법이다."

그렇다면 알디의 경영진은 아무 말도 하지 않음으로써 경영을 하고 있다고 보아야 할까? 내 생각에 경영진의 침묵은 알디라는 기업을 범접하기 힘든 난공불락의 존재로 여겨지게끔 하는 것 같다. '말이 많지 않다는 것은 곧 자기 일에 자신이 있다는 의미'라는 것도 무위가 전하는 여러 메시지 가운데 하나일 테니 말이다.

그러나 아무 때나 무위를 전략으로 이용할 수 있는 것은 아니다. 침묵하는 사람은 다른 사람들에게 자신의 인격이나 일에 대해 대신 말하게 맡기는 것으로 끝나지 않고 상대방의 반응에 지속적으로 영향을 미치기 때문이다. 아이를 키우다보면 아이가 부모의 관심을 끌기 위해 칭얼대거나 보채는 경우 반응해주지 않는 것이 좋다는 사실을 저절로 터득하게 된다. 그러나 자녀나 고객, 배우자가 진지하게 신호를 보내는데도 침묵으로 일관한다면 문제가 초래될 수도 있다. 침묵은 상대에게 무시당한다는 느낌을 줄 수 있기 때문이다. 게다가 부정적인 인상을 받은 상대방은 더 큰 소리로 자신의 의사를 표현하거나 더 공격적인 행동을 취하기 마련이다.

이런 관점에서 보면 독일의 앙겔라 메르켈 총리가 사민당의 재정정책 전문가 틸로 자라친Thilo Sarrazin의 《자멸하고 있는 독일 Deutschland schafft sich ab》이라는 책을 둘러싼 논쟁에서 자신의 입장을 밝힌 것은 실수였다.

"나는 그 책을 읽지 않았고 또 앞으로도 읽지 않을 것이다. 신문에서 읽은 책 소개가 그 책에 대해 내가 알고 있는 전부다. 그럼에도 별로 도움이 되지 않는 책이라고 생각한다."

이 말에 저널리스트 프랑크 쉬르마허Frank Schirrmacher는 〈프랑크푸르터 알게마이네 차이퉁〉지에 다음과 같은 글을 기고했다.[16]

"총리의 말에서 읽을 생각조차 하지 않는 권력의 냉정함을 엿볼 수 있다. 그의 책을 읽지 않겠다는 총리의 거부는 정치적 커뮤니케이션의 근본적 위기를 나타내고 있다."

그런가 하면 라디오 DJ인 졸트 보가르Zsolt Bogár와 아틸라 몽Attila Mong의 침묵은 조금 다른 의미를 지니는 것이었다. 2010년 12월 21일 헝가리 의회가 언론의 자유를 억압하는 법안을 통과시키자 국영 MR1 라디오 방송에서 아침 시사프로그램을 진행하던 두 사람은 각자의 방식으로 반대 의사를 표현하기로 했다. 그들은 아침 6시 16분에 방송을 중단하고 1분 동안 아무것도 하지 않았다. 60초 동안 라디오에서 아무 소리도 나오지 않고 정적이 흘렀다. 잠깐의 침묵이 얼마나 자극적인 효과를 가져오는지는 그 라디오 방송국의 책임자들이 보인 반응에서 충분히 짐작할 수 있다. 보가르는 잠정적으로 퇴직당했고 그의 상사인 몽은 문서수발 부서로 쫓겨났다.

"우리가 아무것도 하지 않았다고 스스로를 비난하고 싶지는 않았다."

두 헝가리 기자는 자신들의 행동을 그렇게 정당화했다. 하지만 그들은 실제로 아무것도 하지 않았으므로, 정확하게 말하면 "우리가 뭔가를 했다고 스스로를 비난하고 싶지는 않았다."라고 말했어야 옳은 표현이다.

사람들은 끊임없이 이런저런 방식의 무위를 통해 정치적 사건에 반대 의사를 표시한다. 침묵을 지키거나 꼼짝 않고 견디는가 하면 단식을 하는 방법도 있다. 대부분은 민주주의가 억압받는 상황에서 그런 방법을 택한다. 예를 들면 매주 수요일마다 시민들이 모여 '침묵의 시위'를 벌임으로써 정권의 탄압에 항거한 벨라루스가 바로 그런 경우다. 저널리스트 라인하르트 페저Reinhard Veser의 글을 보면 그런 형태의 저항이 얼마나 양면적인지, 즉 얼마나 강력한 동시에 무력한지를 알 수 있다.[17]

"이처럼 구호도 깃발도 없는 집회에서는 누가 시위를 하는 사람이고 누가 지나가는 사람인지를 알 수 없기 때문에 누구든 사복을 입은 건장한 시위 진압대에 의해 대기중인 수송 차량으로 끌려갈 수 있다."

도로 위의 교통표지판을 모두 없애면 어떤 일이 일어날까?

한편 모두가 권위를 인정하는 제도에 대해 침묵함으로써 뜻밖의 결과가 나타나기도 한다. 예컨대 도로가 어떤 모습이어야 하는지에 대해선 모두가 잘 알고 있다. 도로의 가장자리에는 표지판과 신호등이 세워져야 하고 아스팔트 위에는 화살표와 지시선들이 그려져야 한다. 이 표시들은 도로 이용자들이 무엇을 해야 하고 또 무엇을 하지 말아야 하는지를 알려준다. 그렇게 하면 안전이 보장된다는 암묵적인 가정 하에 말이다. 그래서 만약 어떤 교차로에서 유난히 사고가 잦으면 대개 표지판을 더 많이 세우거나 지시선을 더 많이 그리기 마련이다. 그런데 그와 정반대의 조치를 취함으로써 교통사고를 줄이는 것도 가능하다.

봄테Bohmte라는 독일의 작은 마을에서 있었던 일을 보자. 봄테는 그곳을 지나는 자동차들의 소음과 악취 때문에 오래전부터 주민들의 항의가 빗발쳤다. 하지만 마땅한 방법이 없어서 날마다 1

만 2,000대 이상의 자동차와 트럭이 변함없이 그 마을의 중심부를 지나다녔다. 만약 봄테가 교통프로젝트에 동참하기로 결정하지 않았더라면 그저 이름 없는 작은 마을로 남았을 것이다. EU가 2004~2008년에 지방의 인프라 구축을 장려하기 위해 계획한 교통프로젝트는 단순히 보기 좋은 화분이나 나무 벤치를 갖다놓는 것에서 나아가 마을 주민들에게 '공유 공간 Shared Space'이라는 새로운 교통콘셉트를 요구했다. 봄테의 주민들은 네덜란드의 교통 전문가 한스 몬더만 Hans Monderman이 구상한 공유 공간을 어떻게 구체화할 것인지에 관해 의논하기 위해 여러 차례 모임을 가졌다. 하지만 그 기본 발상이 너무 생소해서 아무리 의논해도 도통 감이 잡히지 않았다. 마침내 몬더만이 직접 봄테를 방문해 프로젝트에 대해 설명하기에 이르렀다.

"저는 개인적으로 기존의 도로정비법에 강한 거부감을 갖고 있습니다. 제 생각에 그런 것은 교통환경을 개선하는 데 아무 소용이 없습니다."

이어서 그는 간단한 비유를 들어 자신의 논리를 쉽게 설명했다.

"스케이트장에서는 누구든 서로 조심하면서 각자 원하는 대로 스케이트를 탑니다. 그곳에 속도 구간을 표시하거나 교통표지판을 세우지는 않습니다. 바로 이런 원리로 도로 상황을 개선하고자 합니다."

그리고 그의 구상에 따라 주민들은 제일 먼저 어디까지가 차도

이고 어디서부터가 보도인지 구분할 수 없도록 경계를 없앴다. 또한 교통표지판과 지시선을 모조리 없애서 텅 빈 도로면만 남게 했다. 말하자면 그 구간의 도로를 침묵하게 만든 셈이다. 그곳을 지나가는 사람들에게 어느 선을 따라가고 어디서 꺾어야 하는지, 어디가 정지선이고 횡단보도인지, 어디가 차도이고 보도인지 말해줄 표지가 없어졌으니 말이다.

아마도 당신은 "어쩌자는 거야? 그럼 어떻게 움직여야 할지 아무도 모르잖아!"라고 말하며 황당해할지도 모르겠다. 그러면 몬더만은 이렇게 대답할 것이다.

"맞습니다. 그게 바로 이 프로젝트의 참뜻이지요. 자신이 운전자나 도보자로서 어떻게 움직여야 하는지 각자의 결정에 맡기려는 것입니다. 저는 '불확실성이 오히려 안전을 가져온다'는 역설적인 말을 믿기 때문에 당신을 불확실하게 만들려는 것입니다."

모든 표지가 없어진 도로 위에서 사람들은 직관적이고 무의식적으로 더 조심스럽게 행동하고 해당 장소와 상대방에게 훨씬 세심한 주의를 기울인다. 그 이유는 모르는 지역과 낯선 사람에게 더 조심스럽고 민감하게 반응하는 것이 인간 내면 깊숙이 자리잡은 또 다른 루틴이기 때문이다.

반대로 아주 잘 안다고 생각하는 상황일 때는 사정이 완전히 달라진다. 인간의 뇌는 진화를 거듭해오면서 효율성을 중시하게 되었기 때문에 자동적으로 활동을 줄이는 성향이 있다. 너무나 익숙한 주거 공간에 들어갈 때마다 매번 똑같이 주의를 기울이는 것은 무의미한 일이었을 것이다. 뿐만 아니라 그런 식으로 행동하다보면 다른 것에 주의를 기울이지 못해 자칫 동굴 앞에 숨어 있는 곰을 못 보고 지나칠지도 모른다. 그러나 모르는 지역에 들어갈 경우 인간의 뇌는 훨씬 열심히 상황을 파악하려 한다. 낯선 것을 이해하고 제어하기 위해 집중력을 모두 쏟아붓는 것이다.

결국 봄테 마을의 경우에도 이런 인간의 본능을 잘 활용한 덕분에 운전자들이 천천히 차를 몰게 되었다. 게다가 모든 차가 비슷하게 느린 속도로 운행되면서 도로가 막히지 않고 교통의 흐름이 원활해지는 효과까지 얻었다. 물론 신호등이 없어서 차가 더 이상 정지할 필요가 없어졌다는 것도 한몫했다.

사람들의 이와 같은 심리를 보면 불확실성이 더 많은 안전을 가져다주고 무위가 사람들을 더 이성적으로 만든다는 이 논리는 적어도 이론적으로는 무리가 없어 보인다.

그렇다면 봄테의 이웃 마을 주민들은 몬더만의 독특한 제안을 어떻게 평가했을까? 그에 관해서는 오스나브뤼크대학에서 실시한 설문조사를 보면 자세히 알 수 있다.

주민들 대부분은 실험의 효과를 긍정적으로 평가했다. 그러나 일부에서는 여전히 회의적인 목소리를 냈다. 연구팀은 이에 대해 "사람들이 도로에서 어떻게 행동했고 또 그때 얼마나 안전한 느낌을 받았는가는 각 개인과 그 자의식에 의해 크게 좌우되었다."

고 평가했다. 이 같은 결론은 봄테의 교통 상황뿐만 아니라 모든 전략적 무위에 해당되는 이야기일 것이다. 작은 마을의 교통정책에 관한 연구조사에서 그처럼 단순하면서도 광범위한 인식을 얻게 되리라고 누가 생각이나 했겠는가! 봄테의 도로처럼 침묵하는 공유 공간을 기회로 받아들이느냐 아니면 위험으로 받아들이느냐하는 것은 열린 마음 자세와 상식과 통념을 깨는 용기에 달려 있다.

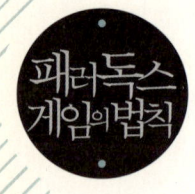

무위의 전략을 사용할 때는 당신이 하지 않은 것이 무엇인지 반드시 알려라

당신이 방금 아이스크림을 사먹고 손에 성가신 포장지만 들고 있다고 가정해보자. 그러면 이제 당신에게는 여러 대안들이 주어지고 그 대안들은 '행위그룹'과 '무위그룹'으로 나눌 수 있다. 행위그룹에 속하는 선택안으로는 포장지를 바닥에 버리는 것, 주머니에 넣는 것, 쓰레기통에 버리는 것, 종이배를 만드는 것 등등이 있다. 이 가운데는 그럴듯한 대안도 있고 그렇지 않은 것도 있다. 한편 무위그룹에 속하는 대안도 가짓수는 같지만 행위그룹과 결정적인 차이가 있다. 바로 무위그룹에 속한 대안들은 당신이 하지 않을 행위들이라는 것이다. 문제는 행위그룹의 대안들이 무위그룹의 대안들보다 월등하게 높은 평가를 받는다는 것이다. 무위그룹의 대안들도 똑같이 중요한데 말이다. 예컨대 당신이 포장지를 바닥에 버리지 않기로 결정하면 당신은 의심의 여지없이 모범적으로 행동하는 바른 길을 택한 것이다.

　여기서 내가 말하고자 하는 것은 우리가 무엇을 하지 않는가도 중요하다는 사실이다. 그리고 다른 사람들도 우리가 무엇을 하지 않는지를 알게 하려면 그 행위에 대해 짧게나마 이야기를 해야 한다. 그렇지 않으면 무위는 그대로 사라져버릴 테니까. 예를 들어 당신이 건강식품 체인 사업을 하고 있다고 하자. 당신은 몸에 좋지 않은 것을 건강식품에 하나도 넣지 않았고 이 사실을 사람들에게 알리고 싶다. 그러면 당신은 대놓고 그 사실을 전달해야 한다. 지점마다 "바이오 식품은 뭐가 안 들어갔는지가 중요하다."라는 현수막을 내건 오스트리아의 슈퍼마켓 체인 빌라^{Billa}처럼 말이다.

무위라는 것이 꼭 아무것도 하지 않는 것을 의미하지는 않는다

2010년에 타계한 코미디언 레슬리 닐슨^{Leslie Nielsen}은 이 말을 너무나 잘 알고 있었다. 그는 '데드팬^{Deadpan}'이라는 연기법의 대가였다. 데드팬은 무표정한 얼굴로 허무맹랑한 소리를 지껄여대는 연기 테크닉이다.[18] 달리 말해 연기자에게 익숙하지 않은 행위를 함으로써, 즉 아무것도 하지 않음으로써 사람들을 웃게 하는 기술인 셈이다. 물론 이 경우에는 전혀 아무 행위도 하지 않는 것은 아니지만 말이다.

레슬리 닐슨과 더불어 데드팬의 대가로 손꼽히는 빌 머리^{Bill Murray}는 말도 안 되는 행동들을 보여주면서도 중요한 표현수단인 표정만은 의도적으로 바꾸지 않는다. 그들이 행동으로 보여주는 온갖 혼란에 대비되는 무표정^{무위}은 정말 코믹해 보인다. 그러므로 아무것도 하지 않는다는 것이 반드시 모든 활동을 멈추고 눈썹 하나 까딱하지 않는 상태가 되어야 한다는 의미는 아니다. 닐슨과 머리는 몸의 일부를 움직이지 않는 아주 사소한 무위만으로도 관객들에게 큰 웃음을 선사할 수 있음을 보여주었다.

침묵에도 디테일이 필요하다

크리스마스 무렵 영국 사람들의 관심사는 '이번엔 과연 어떤 노래가 영국 싱글 차트 1위를 차지할 것인가?'다.[19] 이 순위는 매주 발표되기는 하지만 연말 싱글 차트는 특별한 의미가 있다. 뮤지션에게 크리스마스 시즌은 CD나 음원을 다량으로 판매할 가장 좋은 기회이기 때문이다. 대중들 사이에는 연말 싱글 차트 1위 곡을 알아맞히는 도박까지 있을 정도다.

다음 이야기는 그 차트를 지켜보던 사람들이 1위 곡의 질에 대해 갈수록 불만을 갖게 된 것과 관련이 있다. 2005년부터 2008년까지 매번 영국의 오디션 프로그램 〈더 엑스 팩터The X Factor〉 출신의 가수들이 1위를 차지했기 때문이다. 팬들은 그들에 대해 '진정한 뮤지션이 아니라 억지로 만들어낸 상품'이라고 반감을 표시했다. 위기의식이 팽배해지면서 존 모터 부부는 페이스북을 통해 반대운동을 벌이기도 했는데 2009년 한 해 동안 50만 명 이상이 그 운동에 동참했다. 모터 부부는 소셜 네트워크 회원들에게 2009년 12월 13일부터 19일 사이에 레이지 어게인스트 더 머신 Rage against the machine이라는 록밴드의 노래를 다운로드해달라고 요청했다. 곡명은 'Killing in the Name'이었다. 그 결과 1992년에 발표된 이 곡은 50만 번이 넘는 다운로드 수를 기록하면서 2009년 크리스마스 싱글 차트에서 당당하게 1위에 올랐다. 그 곡의 끝부분에는 "빌어먹을, 난 네 말대로 하지 않을 거야."라는 가사가 여러 차례 반복된다.

이듬해인 2010년 크리스마스 시즌에는 데이비드 힐라드라는 예술가가 나서서 전년도보다 훨씬 극단적인 방법으로 반대운동을 시작했다. 벌써부터 크리스마스 싱글 차트 1위를 차지할 기미가 보이는 〈더 엑스 팩터〉 우승자를 팝뮤직이 아니라 아방가르드 작곡가인 존 케이지^{John Cage}의 작품으로 이겨보자는 것이었다. 그래서 또다시 페이스북을 통해 확산된 이 캠페인의 이름 역시 2009년의 반대운동을 패러디한 '케이지 어게인스트 더 머신^{Cage against the machine}'이었다.[20] 그리고 케이지의 '4분 33초'라는 곡은 약 40명의 영국 아티스트들에 의해 리메이크되었다.

3악장으로 나뉜 '4분 33초'는 음표가 하나도 없이 각 악장마다 '타셋^{TACET}'이라는 연주 지시만이 나와 있다. 타셋은 라틴어로 '침묵하다'라는 뜻이다. 그리하여 2010년 12월 초 뮤지션들은 런던의 스튜디오에 모여 '4분 33초'를 녹음했다. 그들은 기타를 들고 앉거나 타악기와 피아노 앞에 앉은 채 손가락 하나 까딱하지 않았다. 정확히 4분 33초 동안 아무것도 하지 않고 침묵을 지킨 결과 리메이크곡이 완성되었다.[21] 물론 이렇게 리메이크된 '4분 33초'는 2010년 크리스마스 싱글 차트에서 1위가 아닌 21위에 랭크되었다.

그런데도 내가 이 자리에서 그 이야기를 하는 것은 무위의 기술에서 핵심을 이루는 것이 무엇인지 이 이야기가 단적으로 보여주기 때문이다. 연관관계를 정확하게 이해하는 것과 적절한 타이밍을 맞추는 것이 무위의 기술에서 얼마나 중요한가를 말이다. 존 케이지는 자신의 작품을 연주하는 뮤지션에게 중요한 두 가지 결정을 맡겼다. 어떤 악기로 그의 타셋을 실행할 것인가와 얼마 동안 작품을 연주할 것인가를 각자의 판단에 맡긴 것이었다.

무엇이 없는 덕분에 당신이 행복할 수 있는지를 생각해보라

인간의 삶이 어떻게 진행되고 또 얼마나 성공적인가는 존재하는 것뿐만 아니라 존재하지 않는 것에 의해서도 결정된다. 예컨대 당신이 지금 이 글을 읽을 수 있는 것은 당신 귀에 대고 트럼펫을 불어대는 남자가 옆에 없기 때문이다. 그런가 하면 당신의 눈이 멀지 않았기 때문에, 또 아무것도 못할 만큼 심하게 아픈 데가 없기 때문에 이 글을 읽을 수 있는 것이다. 그러므로 무엇이 없는 덕분에 당신이 행복한 것인지를 생각해보라는 권유는 말도 안 되는 것처럼 들리지만 실제로는 전혀 그렇지 않다. 왜냐하면 우리는 매일 그런 생각을 하기 때문이다. 없는 것이 너무나 많은데도 역설적으로 행복하다는 인식에 이를 수 있으니 굳이 이 습관을 깨뜨릴 필요는 없을 듯싶다.

How To
Think
7

부정의
패러독스

No가 반복되면 결국은 Yes가 된다

2,000만의 지지를 얻은
'신은 없습니다' 캠페인

2008년 6월 19일 런던. 애리언 셰린^{Ariane Sherine}은 출근을 하던 길
이었다. 그때 지나가는 버스의 광고판에서 "사람의 아들이 올 때
에 과연 이 세상에서 믿음을 찾아볼 수 있겠느냐?"라는 문구에 시
선을 빼앗겼다.[1] 저널리스트이자 코미디 작가인 그녀는 이 물음을
보고 생각에 잠겼다. 그리고 집에 오자마자 컴퓨터를 켜고 버스에
적혀 있던 웹주소로 접속해보았다. 하지만 그 물음에 대한 대답을
찾기는커녕 예수의 말을 받아들이지 않는 사람은 영원한 지옥의
고통을 맛보게 되리라는 협박만 보았다.

확고한 무신론자인 그녀는 화가 나서 일간지 〈가디언^{Guardian}〉의
온라인 게시판에 분노에 찬 글을 기고했다.[2] 그리고 버스에 씌어
있던 물음에 대해 조사하기 시작했다. 하지만 그 결과는 그녀를
더욱 화나게 했다. 광고를 관리 감독하는 독립 기관인 영국 광고

기준협회에 심사를 건의했지만 협회는 그 광고에 대해 이의를 제기할 의사가 전혀 없다고 밝혔다. 협회 담당자의 말인즉슨, 셰린의 심기를 불편하게 만든 그 물음은 성경 구절이고 해당 단체의 홈페이지에 씌어 있던 협박은 셰린을 공격하는 말이 아니므로 그녀와 상관이 없지 않느냐는 것이었다.

대답을 들은 셰린은 광고 심사 담당자에게 맥주회사인 칼스버그의 광고에 이의를 제기한 사람이 있었는지 물었다. 당시 칼스버그는 세계 최고의 맥주라는 내용의 광고를 시작한 터였다. 담당자는 전혀 없었다고 대답했다. '아마도'라는 말을 광고에 집어넣어서 "아마도 세계 최고의 맥주일 것"이라는 카피를 썼기 때문이었다. 하지만 셰린이 이 질문을 한 것은 나름대로 생각이 있어서였다. 곧 그녀는 그와 관련된 기사를 썼다.

"그 기독교 단체처럼 버스 광고를 하려면 2만 3,400파운드가 들어간다. 이 돈을 모으려면 4,680명의 무신론자가 5파운드씩을 내야 한다. 이 돈이면 무신론자들도 런던 시내에서 광고 버스를 움직일 수 있다."

그녀는 이처럼 무신론 캠페인을 제안하면서 이미 만들어놓은 광고 문구도 소개했다.

"아마도 신은 없습니다. 그러니 걱정하지 말고 당신의 삶을 살아가십시오!"

이 문구를 말하기 위해 그녀는 맥주회사의 광고에 대해 물어본 것이었다.

　그녀의 제안은 처음에는 단순한 말장난으로 여겨졌다. 그러나 셰린은 포기하지 않고 4개월 후에 다시 무신론 캠페인을 하자고 제안하는 글을 썼다. 그리고 여기 진화생물학자이자 베스트셀러 저자인 리처드 도킨스Richard Dawkins를 끌어들였다. 그의 저서 《만들어진 신The God delusion》의 독일어판 표지에는 "나는 종교에 반대한다. 종교는 인간이 세상을 이해하지 못해도 그냥 만족하고 살라고 가르친다!"라는 명백한 무신론적 고백이 씌어 있다. 도킨스가 합류하고 나서부터 캠페인은 급물살을 탔다. 많은 사람들이 돈을 기부해 15만 파운드가 모였고 주최 측은 그 돈을 모두 무신론 캠페인에 쓰겠다고 약속했다.

　캠페인을 시작할 무렵인 2009년 1월에 찍은 사진을 보면 애리언 셰린과 리처드 도킨스가 나란히 팔짱을 끼고 버스 앞에 서서 웃고 있다.[3] 등 뒤로 보이는 빨간 버스에는 "아마도 신은 없습니다. 그러니 걱정하지 말고 당신의 삶을 즐기십시오!"라는 조금 수정된 문구가 적혀 있다. 런던에서만 200대의 버스가 거리를 누비며 '신이 없으니 걱정하지 말고 삶을 즐기라'는 메시지를 전하고 다녔다. 이 캠페인은 영국에서 끝나지 않고 전세계로 퍼져나갔다. 2009년 3월 독일의 버스캠페인 그룹은 베를린, 뮌헨, 쾰른에서 버스 광고를 하자는 목표를 세우고 모금을 시작했다. 독일에서는 "아마도 신은 없는 것 같습니다. 충실한 삶을 살기 위해 믿음이 반드시 필요한 것은 아닙니다."라는 문구로 영국의 광고보다는 다소 완곡한 표현을 사용했다. 독일에서도 며칠 만에 돈이 모였고 5월 말에 베를린에서 최초로 3주간 버스 광고가 게재되었다. 주최 측의 평가에 따르면 무신론자들의 버스 광고는 2009년 국제적으로 가장 주목받은 광고 캠페인이었고 이 메시지를 본 사람은 독일에서만 2,000만 명에 달했다고 한다.[4]

신을 부정한 캠페인이 결국 신을 인정한 셈이 된 아이러니

겉보기에는 무신론자들의 캠페인이 큰 성공을 거둔 것만 같다. 그러나 좀더 자세히 들여다보면 2010년의 무신론 캠페인은 역설적인 이벤트임이 드러난다. 먼저 애리언 셰린은 자신이 존재하지 않는다고 생각하는 누군가에 의해 자극을 받아 일을 추진했고 그 과정에서 그 누군가가 실제로 존재하는 것처럼 다뤘다. 그녀는 어느 기사에서 "수염을 기른 남자가 자신의 존재를 거부한 당신에게 영원히 분노를 멈추지 않는다면 어쩔 것인가? 그런 위협을 당하면 앞서 말한 광고가 적혀 있는 버스에 몸을 던지고 싶은 강한 충동을 느낄지도 모른다."라고 썼다.

논리적인 사고의 소유자라면 의문이 생길 것이다. 어떻게 존재하지 않는 누군가가 위협을 한단 말인가? 다른 사람들의 망상에서 나온 누군가 때문에 버스에 몸을 던지고 싶다고? 어쩌면 그는 정말로 존재하는 것이 아닐까? 그렇다면 자신을 무신론자라고 생각하는 자기 이해에 어긋나는 것이 아닌가? 셰린이 그쯤에서 끝냈다면 그냥 재미있는 아이러니로 생각하고 넘길 수도 있다. 하지만 그녀는 몇 달 동안 리처드 도킨스와 함께 성경에 나온 그 물음의 답을 찾았다. 작업에 들어가는 비용도 만만치 않았다.

아이러니한 상황은 여기에 그치지 않았다. 무신론자들의 버스 캠페인이 큰 성공을 거두자 언론이 연일 기사를 쏟아냈고 트위터와 블로그에도 많은 글이 올라왔다.[5] 이것 역시 이해되지 않는 특이 현상이었다. 《괴짜경제학》의 저자 스티븐 레빗은 자신의 블로그에서 리처드 도킨스의 책에 대해 언급했다. 그는 신을 반대하는 책이 인기를 얻는 현상에 대해 깊이 생각해볼 필요가 있다고 제안했다. 그로서는 자유주의자를 싫어하는 보수주의자가 많기 때문에 자유주의자를 공격하는 책이 팔리는 것은 이해할 수 있어도 도킨스의 성공은 이해하기 어려운 것이었다. 레빗에 따르면 신을 부인하는 사람은 그런 책을 사지 않는 것이 맞는 반응이었다.

"새를 관찰하는 것이 시간 낭비라는 주제로 책을 쓰는 사람은 없을 겁니다. 새를 관찰하지 않는 사람의 입장에서 보면 마음에 드는 말이지만, 구태여 그런 것을 읽기 위해 20달러나 내고 책을 사 보지는 않을 테니까요."

신을 반대하는 책이 새 관찰을 반대하는 책처럼 외면당하지 않고 베스트셀러가 된 것은 놀라운 일이라는 것이다. 결과적으로 무신론 버스 캠페인이 성공했는지에 대해 말하자면 셰린 일행의 시도는 실패한 것으로 보인다. '신은 없다'는 메시지를 적은 버스를 시내에 풀어놓는 것은 다른 사람들도 그렇게 생각하게 만들기 위해서였다. 무신론자들은 신을 환상이라고 말한다. 신이 잘못된 생각을 전하기 때문이 아니라 신이라는 존재 자체가 존재하지 않기 때문이라는 것이다. 하지만 무신론자들은 신이 존재하지 않는다는 부정문을 버스에 적었음에도 신이 사라지지 않고 끈질기게 사람들의 머릿속에 남아 있다는 사실에 놀랐다. 무신론자들의 버스 캠페인은 결국 무신론적인 신념보다 기독교적인 신념을 도와준 셈이 되었다. 그럴 수밖에 없었던 것은 '낫Not'이나 '노No', '네버Never'같이 짤막한 단어가 지닌 힘 때문이다.

이제는 그 이야기를 해보기로 하자.

세련된 부정문으로 사람들의 마음을 사로잡은 케네디의 연설

인간은 여러 이유에서 특별한 존재다. 그중 하나는 부정문을 사용하는 능력을 가졌다는 점에서다. 'No'라고 말할 수 있는 존재는 인간밖에 없다. 그리고 우리가 "나는 그것을 좋아하지 않아!", "너는 시간을 지키지 않는 사람이야!", "그것은 물어볼 필요도 없어!", "컵을 가장자리에 놓지 마!"와 같은 말을 한다는 것은 이 책의 한 챕터를 할애하여 살펴볼만한 가치가 충분하다.

자세히 들여다보면 부정문을 사용하는 능력이 아이들의 발달과 우리의 일상에서 중요한 역할을 한다는 사실을 금방 깨닫게 될 것이다. 또 원하는 것과 정반대의 결과가 나타나는 일도 부정문과 연관되어 있음을 알 수 있을 것이다. 여기서는 부정문이 인간의 생각과 언어에 어떤 영향을 미치는지, 인간의 생각과 언어는 부정문을 어떻게 받아들이고 처리하는지를 중점적으로 살펴보려 한다.

인간이 부정문을 사용하여 얼마나 세련되고 강력하게 커뮤니케이션할 수 있는지를 보여주는 예로 존 케네디가 있다. 1963년 케네디는 8일간의 일정으로 유럽 순방에 나섰다. 그는 독일, 아일랜드, 영국, 이탈리아를 방문했고 특히 베를린에서 환대를 받았다. 6월 26일 케네디는 당시 소련의 지원 하에 베를린 장벽이 세워진 후 동독이 언제 자신들을 침략할지 모른다는 불안을 안고 있던 서베를린 시민을 격려하기 위해 연설을 했다. 이것이 "나는 베를린 사람입니다."라는 말에서 큰 자긍심을 느낀다는 내용의 유명한 연설이다.[6] 그는 당시 연설 도중 여러 긍정적인 단어를 사용하다가 중간에 돌연 어조를 살짝 바꿔 몇 문장을 부정문으로만 이야기했다.

"자유의 삶은 쉽지 않고 민주주의 또한 완벽하지 않습니다. 그래도 우리는 시민들이 나라를 떠나는 것을 막기 위해 그들을 가두기 위한 벽을 만든 적은 한 번도 없었습니다."[7]

그는 왜 이렇게 표현했을까? 그가 사용한 곡언법, 즉 부정문을 이용하는 방법은 좀더 신중하지만 확실하게 메시지를 전할 수 있게 한다. 그는 자유와 민주주의가 최고의 가치라고 직접 말하기보다 자유의 삶은 '쉽지 않고' 민주주의는 '완벽하지 않다'고 돌려서 말함으로써 보다 완곡하게, 하지만 동시에 단호하게 동독 및 소련에 맞서 서베를린을 지키겠다는 의도를 전한 것이었다.

이처럼 상대방의 신뢰도를 높이기 위해 부정문을 사용하는 경우는 많다. 그러나 대개 우리는 부정문에 이런 기능이 있다는 것을 의식하지 못한 채 본능적으로 사용하기도 한다. 커다란 도전에 맞서 "그렇게 간단한 일이 아니야!"나 "나쁘지 않네!"라고 말함으로써 '좋다'는 뜻을 전하는 것이 바로 그런 경우다. 또 신문기사에 "다행히 큰 건물이 아니었고 현장에 있던 사람들은 경험이 적지 않은 건설인력이었다."라는 글이 있다면 이는 문제의 건물이 작고 그 안에는 경험 많은 건설근로자들이 있었다는 뜻이다.[8] 이보다 한 단계 더 나아가 긍정의 메시지를 이중 부정으로 전달하는 경우도 있다. 예를 들어 "아주 잘못되지는 않았다.", "재능이 없지는 않다.", "아주 문제가 없는 것은 아니다."라고 말하기도 한다.

왜 페이스북에는
'싫어요' 버튼이 없는 걸까?

이처럼 우리가 'No'라고 말할 수 있는 것은 'Yes'라고 말할 수 있기 때문이다. 그 반대도 마찬가지다. 이 두 개념은 선과 악, 안과 밖처럼 한데 묶여 있다. 어떤 상태를 구별하기 위해서는 그 반대되는 상태가 있어야만 한다. 예를 들어 물건의 표면이 빛으로만 이루어져 있다면 인간은 그 물건을 인지하지 못할 것이다. 그림자와 테두리가 있어야 다른 물건과 구분된다. 'No'라는 말도 마찬가지다. 'Yes'나 'No'라고 말할 수 있어야 두 상황을 구분할 수 있다. 프리츠 지몬에 따르면 이런 긍정과 부정의 개념이 인간의 모든 말과 생각을 결정한다고 한다.[9]

일상생활에서 우리는 대개 다른 사람의 행동이나 의견에 반대하기 위해 부정문을 사용하곤 한다. 무언가가 틀렸다고 생각할 때, 나의 판단을 내세울 때, 다른 사람들의 생각과 행동과 계획이 나와 맞지 않을 때 'No'라고 말한다. 현재 상황에 영향을 미치거나 다른 사람들의 그릇된 생각을 바로잡을 수 있으리라 기대하면서 말이다.

그렇다면 직접 'No'라고 말하지 못하는 상황에서는 어떤 일이 벌어질까? 이는 '페이스북'을 보면 알 수 있다. 세계 최대의 소셜 네트워크인 페이스북은 사용자들의 커뮤니케이션을 가능하게 해주는 수많은 기능을 갖추고 있다. 메모판에 뉴스 올리기를 비롯하여 링크 공유하기, 사진 올리기, 의견 교환하기, 다른 사람의 의견에 코멘트 달기, 그 코멘트에 또 코멘트 달기 등의 기능이 있다. 특히 아주 작고 눈에 잘 안 띄는 링크 뒤에 숨어서 페이스북의 고정 메뉴가 된 기능이 하나 있다. 바로 '좋아요^{like}' 버튼이다. 이것이 존재하는 이유를 알리기 위해 그 앞에 엄지손가락을 세운 손을 그려놓는 것도 잊지 않았다. 이는 '마음에 든다'는 신호다. 이 버튼은 페이스북의 모든 페이지에 있다. 이것을 클릭하면 해당 사진이나 코멘트나 사람이 좋다는 의사표시가 된다.

하지만 페이스북 페이지에 나오는 수많은 버튼, 링크, 사진, 이메일 등을 샅샅이 뒤져봐도 'No'라는 표현을 할 수 있는 버튼은 없다. 페이스북의 세계는 현재까지 동의어로만 이루어져 있다. 그리고 싫다는 의사를 표현할 수 있는 버튼이 없다는 이유로 많은 사람들이 페이스북에 등을 돌리고 있다. 인터넷에서 '페이스북 No'를 쳐보면 페이스북에 '싫어요^{Dislike}'라는 버튼을 넣게 하는 것을 목적으로 결성된 사이트가 많음을 볼 수 있을 것이다. 물론 아직까지 이 시도는 결실을 보지 못했지만 말이다.

2011년 7월을 기준으로 '우리는 싫어요를 원한다^{We need a UNLIKE sign}'라는 단체에는 2,400만 명의 지지자가 있었고, '디스라이크 버튼^{Dislike Button}'이라는 단체에는 3,300만 명의 지지자가 있었다. 그러나 페이스북은 사용자들에게 'No'라고 말할 기회를 주지 않으려 고집스럽게 버티고 있다. 구글 플러스 역시 마음에 드는 것에 '+1'을 표시하는 기능만을 제공하고 있다.

페이스북은 지적인 논쟁이 오가는 상황, '이해가 안 된다' 혹은 '동의하지 않는다'라는 말이 필요한 상황에서도 무언가를 '좋아하라'고 강요한다. 바로 상업화할 수 있는 말만 원할 뿐 모호한 입장을 듣고 싶어하지 않는 것이다. '모르겠다', '관심 없다', '생각해보겠다' 등의 버튼은 관두고라도 '싫어요' 버튼 하나만 도입되어도 페이스북의 성격은 많이 달라질 것이다. 이는 물론 나의 추측에 불과하다.

부정문은 긍정문보다 더 강한 인상을 남긴다

밥 파Bob Parr는 퇴물이 되어버린 전직 영웅이다. 이제 그가 필요 없다고 생각한 메트로빌 사람들은 그에게 세상을 구하는 일을 금지시켰다. 그리고 보통 시민으로 살아가도록 어느 보험회사의 손해배상부에 취직시켜주었다. 그 후 밥은 엄청난 초능력을 갖고 있음에도 시시한 사건들을 해결하며 살아갔다.

기업의 목적은 고객을 돕는 것이 아니라 최대한의 이윤을 내는 것이다. 따라서 회사는 보험가입자들이 마땅한 요구를 해도 어떻게 하면 퇴짜를 놓을지 고민한다. 폭군 같은 사장 길버트 후프는 새로 들어온 밥에게 기회가 있을 때마다 이 같은 임무를 주입시킨다. 그러나 밥은 마음이 약할 뿐만 아니라 꺾이지 않는 정의감을 가진 사나이였다. 그래서 가난한 고객을 도와주지 말라는 회사의 방침을 어기고 만다. 이때 그가 사용하는 방법이 바로 이 마지막 챕터의 핵심이라고 할 수 있다.

한번은 어느 할머니가 밥을 찾아와 도움을 요청한다. 이에 밥은 사장의 지시 때문에 자신은 아무것도 도울 수가 없다고 하며 이렇게 말한다.

"2층에 있는 권리 부서로 가서 손해배상 신청을 하라고 조언을 드릴 수가 없네요. 기꺼이 도와드리고 싶지만 아무것도 해드릴 수가 없네요."

영화 〈인크레더블The Incredibles〉의 주인공 미스터 인크레더블의 의도는 어렵지 않게 파악된다. 할머니에게 무엇을 해줄 수 없는지를 자세히 말해줌으로써 필요한 정보를 주는 것이다.

할머니가 이 정보를 해독해서 필요한 행동을 하는 것은 우리 뇌가 가진 기본적인 특성 덕분이다. 바바라 카우프Barbara Kaup를 비롯한 5명의 심리학자들은 이 같은 특성을 중심으로 인간이 어떻게 언어를 이해하는지를 실험했다.[10]

그들에 따르면 인간은 묘사된 상황에 대한 정신적 모델, 즉 '시추에이션 모델situation model'을 만들어냄으로써 텍스트를 해독한다고 한다. 예컨대 요리나 자전거 타기에 대한 글을 읽을 때는 직접 요리를 하거나 자전거를 탈 때 활성화되는 뇌의 부분이 활성화된다. 즉 인간은 글이라는 추상적인 신호를 구체적인 장면으로 바꾸기 위해 자신이 마치 요리사가 되거나 자전거를 타는 것처럼 상상한다는 것이다. 인간은 정신적 모델의 도움을 받아 글로 쓰인 것을 이미지로 바꾼다. 이해를 한다는 것은 바로 이런 과정이 일어난다는 의미다.

바바라 카우프 등은 부정문을 읽을 때 인간의 뇌에서 어떤 일이 일어나는지를 연구했다. "요리하지 마세요!"라든가 "자전거를 타지 마세요!"라는 문장을 읽을 때 인간의 뇌에서 어떤 일이 일어날까? 요리하지 말라는 문구를 읽으면 요리하지 않는 상상을 할까? 그렇다면 구체적으로 어떤 상상일까? 이를 알아내기 위해 그들은 날아가는 독수리와 둥지에 앉아 있는 독수리를 이용해 실험을 했다.

그 결과 긍정문을 사용하든 부정문을 사용하든 결국 똑같은 일이 일어났다.[11] 피험자들은 하늘에 독수리가 없다는 말을 들을 때나 독수리가 하늘을 날고 있다는 말을 들을 때나 똑같은 장면을 상상한다는 것이다.

"결국 모든 부정은 해석되는 과정에서 같은 절차에 따라 시뮬레이션된다. 그 절차는 긍정문을 처리할 때와 똑같다."[12]

즉 질적으로는 두 과정을 서로 구분할 수 없다. "우리 아빠는 요리를 안 해!"라는 말을 들을 때나 "우리 아빠는 요리를 해!"라는 말을 들을 때나 우리는 앞치마를 두르고 즐겁게 생선을 굽는 아저씨를 상상한다. 그다음 단계에 가서야 비로소 긍정문과 부정문을 구분하는 이해의 과정이 시작된다. 카우프 등은 이 과정을 다음과 같이 설명한다.

"긍정문의 경우 어떤 상황을 시뮬레이션하는 것으로 해석을 끝내고^{하늘에 독수리가 있다.} 이를 현실에 편입시킨다. 한편 그보다 한 단계 더 나아가는 부정문의 경우 똑같이 하늘을 나는 독수리를 상상하지만 이것은 그저 중간 단계일 뿐이다. 중간 단계라고는 하지만 이는 대단히 중요한 단계다. 이 단계가 없다면 무엇에 관한 이야기인지 이해할 수가 없기 때문이다. '하늘에 독수리가 없다'는 말을 이해하기 위해서는 먼저 하늘에 독수리가 있는 것을 상상해야 한다. 그래야 그다음에 무엇이 없는지를 파악할 수 있다."

인간은 머릿속에서 두 가지 시뮬레이션^{독수리가 있는 하늘과 독수리가 없는 하늘}을 비교하고 그 결정적인 차이점이 무엇인지 알아낸다. 그 결과 '아, 독수리가 없네!'라는 생각에 이르게 되는 것이다. 이런 우회 과정 없이 처음부터 텅 빈 하늘을 상상하는 것은 어려울 것이다. 구체적으로 무엇이 없는지 알지 못한다면 하늘에 없는 것은 독수리뿐만이 아니라 피자, 구름, 비행기 등 끝도 없이 많아질 테니까.[13]

그러므로 부정적인 메시지의 핵심을 일단 긍정적인 모습으로 시뮬레이션하는 것이 뇌의 특성이라 할 수 있다. 그리고 이런 특성 덕분에 'No'라는 말이 그토록 큰 힘을 발휘하는 것이다. 예컨대 "푸른색 점이 찍힌 코끼리를 상상하지 말라!"는 요구는 우리의 의식 속에 괴상한 색깔의 거대한 동물을 그려낸다. 그리고 푸른색 점이 찍힌 코끼리는 한동안 분명한 모습으로 우리의 눈앞에 남게 된다.

오셀로를 질투에 눈멀게 한 이아고의 부정 화법

부정문의 메커니즘을 보여주는 셰익스피어의 비극 〈오셀로 Othello〉의 예를 보자. 제3막에는 비극의 씨앗이 되는 오셀로 장군과 간교한 이아고의 대화 장면이 나온다. 그 대화에서 이아고는 교묘한 수법으로 오셀로의 질투심을 불러일으킨다. 그리고 그때부터 오셀로는 아내 데스데모나가 자신의 충직한 친구 캐시오와 바람을 피우고 있다는 망상에 사로잡힌다. 이아고의 계략에 따른 근거 없는 의심이었다. 이아고는 '장군님의 부인이 외도를 하고 있습니다!' 같은 단순한 긍정문이 아니라 부정문의 힘을 이용하여 오셀로를 불신으로 몰아간다. 이아고의 계략은 오셀로가 데스데모나에게 구애를 하는 동안 캐시오가 두 사람의 사이를 알고 있었느냐는 단순한 질문으로 시작된다.

"처음부터 끝까지 알고 있었지. 그건 왜 묻나?"

오셀로가 되묻자 이아고는 부정문으로 대답한다.

"아무것도 아닙니다. 그냥 호기심이 생겼을 뿐, 나쁜 의도는 전혀 없습니다."

데스데모나가 바람을 피울지도 모른다는 생각은 그때까지 오셀로의 의식 속에 단 한 번도 자리한 적이 없었다. 그런데 이아고의 말을 듣는 순간 의혹이 싹트기 시작했다. 그는 '나쁜 의도는 없다'는 짧은 부정문에 걸려든 것이다. 이 부정문에 들어 있는 '나쁜'이라는 말 때문에 오셀로의 머릿속에는 떨쳐버리기 힘든 끔찍한 모습이 자리잡게 된다. 그래서 오셀로는 이아고에게 왜 호기심이 생겼는지 따져 묻는다.

이에 이아고는 다시 부정문으로 대꾸한다.

"캐시오님이 부인과 아는 사이였던 것 같지 않아서요."

이런 식으로 이아고는 오셀로를 파멸로 몰아간다. 그는 데스데모나의 외도를 간접적으로 암시하기 위해 끊임없이 부정문을 이용한다. 이를테면 캐시오가 정직한 사람임에 분명하다고 주장하는가 싶더니 금방 이런 말을 덧붙이는 식이다.

"인간이란 겉과 속이 달라서는 안 된다고 생각합니다. 정직하지 않은 자가 정직한 척해서는 안 되지요."

그렇게 해서 오셀로의 머릿속에는 위선자의 모습이 부정적인 모습 차츰 자리잡게 된다.

"그게 아니야. 자넨 분명 무언가 숨기고 있어. 부탁이니 어서 솔직히 말해보게. 나쁜 일이라도 좋고 아무리 험한 말이라도 상관없네.”

그러자 이아고는 교활하게도 질투가 가져올 처참한 말로를 조심하라고 오셀로에게 경고한다.

“장군님, 질투심을 경계하셔야 합니다. 질투심이란 놈은 사람의 마음을 먹이로 삼는 초록 눈의 괴물이니까요.”

그는 계속 이런 식으로 ‘자신은 그러고 싶지 않다’, ‘그렇게 생각하지 않는다’를 연발하면서 상대방을 망상으로 끌어들인다.

이처럼 우리는 긍정문뿐만 아니라 부정문으로도 어떤 생각이나 사실 등을 믿게 만들 수 있다. 인터넷 사용자들은 이 같은 메커니즘을 분명하게 보여주는 서술 형태를 개발해냈다. 예를 들어 블로그를 보면 줄을 그어 지워놓은 구절을 적지 않게 찾아볼 수 있다. 왜 줄을 그어놓았을까? 글쓴이는 어떤 사실을 부정함으로써 그 사실을 알려주려는 것이다.

~~당신은 어째서 이 구절을 읽고 있나요? 이렇게 줄을 그어놓았는데도 말입니다! 줄을 그어놓았다는 것은 통상적으로 읽지 말라거나 무시하라는 소리지요. 그런데 당신은 어찌고 있습니까? 그냥 계속 읽고 있네요! 내 말에 관심 갖지 마십시오. 뭐라고요? 이 구절을 완전히 삭제해버리면 될 것 아니냐고요? 그러니까 나도 당신이 읽기를 바란 것이 아니냐고요? 정말 어이가 없군요!~~

당신은 어떤가? 어쩐지 줄을 그어놓으니 더 자세히 읽고 싶어지지 않는가? 결론적으로 특별히 어떤 생각, 사실, 규칙 같은 것을 사람들의 머릿속에 주입시킬 의도가 없을 경우에는 줄을 그어 지우거나 부정문 형태로 글을 쓰거나 말을 하는 것이 좋은 방법은 아니다.

금지는 독려의 채찍이자 유혹의 미끼가 된다

부정문을 잘못 사용해 자칫 낭패를 보는 사람들이 적지 않다. 예컨대 언론에 자신에 대한 허위 사실이나 소문이나 비방 등을 삭제하라고 요구하는 경우가 바로 그렇다. 당신이 어처구니없는 보도에 아무리 화가 나고 마음의 상처를 입었더라도 그런 요구는 하지 않는 것이 좋다. 그런 식으로 맞대응하려면 어쩔 수 없이 허위 주장을 한 글자도 빠짐없이 똑같이 되풀이해야 하기 때문이다.

허위 진술을 반복하게 되면 달갑지 않은 부수적 결과가 따른다. 즉 그때까지 아무것도 모르던 독자들까지도 그 내용에 대해 알게 된다는 것이다. 나아가 비방에 맞대응하는 글은 부정문 형태로 작성되는데 비방이 말도 안 되는 억측이라고 일축하려는 의도로 사용하기에 이는 적합하지 않다. 오히려 부정문은 사람들의 기억 속에 사실로서 깊이 파고드는 성격이 있기 때문이다.

의도했던 것과 정반대의 결과를 가져오는 것은 맞대응만이 아니다. 부정명령문 역시 그와 비슷하게 역설적인 결과를 가져오곤 한다. 이는 부모들에게 매우 유용한 정보가 될 것이다.

1961년 내가 두 살일 때 나의 부모님은 그라츠에 있는 아담한 주택의 2층에 세 들어 살고 있었다. 집주인은 나이 지긋한 미망인이었다. 어느 날 그 할머니가 집으로 들어오던 길에 창문 밑에서 나를 올려다보았다. 두 살배기였던 나는 엄마 팔에 안겨서 그 미망인을 내려다보고 있었다. 내가 엉뚱한 짓을 할지도 모른다는 불안한 마음에 할머니가 밑에서 소리를 쳤다.

"나한테 침 뱉지 마라!"

그 말을 듣자마자 그때까지 단 한 번도 누군가에게 침을 뱉은 적이 없던 나는 그만 할머니에게 침을 뱉고 말았다.

이 일화는 괜히 엄한 사람에게 그 책임을 묻게 되는 생각들을 어떤 식으로 유발할 수 있는지 보여준다. 이와 비슷하게 늘 자식 걱정인 부모가 좋은 뜻으로 하는 말이 의도했던 바와는 정반대의 결과를 가져오기도 한다. 또 소아과에서 의사들이 내뱉는 "전혀 무서워할 필요가 없어!"라는 말은 겁내지 않고 조용히 앉아 있던 아이들까지 무섭다는 생각을 하게 만든다. "입 벌리고 먹지 마!", "옷 벗어서 바닥에 팽개치지 마!", "네 동생 좀 건드리지 마!", "사탕 몰래 꺼내먹지 마!", "부산 떨지 마!", "넘어지지 않게 조심해!" 등 우리는 오히려 역효과를 가져오는 훈계의 말들을 수없이 들으며 자란다. 조금 과장해서 말하면 이런 말은 오히려 그런 행위를 하라고 등을 떠미는 것이나 다름없다. 부정문으로 자녀를 키우려는 부모는 아이가 그때까지 생각해본 적 없는 가능성을 마음에 심어주는 것이다. '동생을 건드리지 말라고? 그거 좋은 생각인데! 또 건드려봐야지!'

이 현상은 아이들한테만 국한된 것이 아니다. 나는 베를린에 사는 폴커라는 친구의 생일 파티에서 이와 비슷한 반응을 유도했던 아주 재밌는 일을 겪었다.[14] 당시 많은 사람들이 흥겨운 음악에 맞춰서 신나게 춤을 추고 있었다. 열심히 춤을 추다가 누군가 '하이웨이 투 헬Highway to hell'이라는 곡에 맞춰 펄쩍펄쩍 뛰어보자고 했다. 사람들은 너 나 할 것 없이 박자에 맞춰 뛰어 올랐고 오래된 건물의 낡은 바닥이 위험하게 흔들리기 시작했다. 놀라서 부리나케 달려온 폴커가 음악을 끄고는 손님들에게 진지한 표정으로 간청했다.

"제발 뛰지 말아요!"

그런데 이 말이 끝나기가 무섭게 그때까지 어정쩡하게 가만히 서 있던 사람들까지 합세해서 모두가 펄쩍펄쩍 뛰기 시작했다. 부정문이 무늬만 부정일 뿐 도리어 어떤 행동을 긍정하거나 권장하는 명령이 될 수도 있음을 다시 한번 알게 한 일화였다.

어떤 것을 하지 말라는 요구가 오히려 그 행위를 부추긴다는 가정을 토대로 세상을 바라보면 우리 사회의 법칙과 규정이 완전히 다르게 보일 것이다. 일례로 '공놀이 금지'라는 표지판에는 '여기서 공놀이를 하면 안 돼!'와 '여기서 공놀이를 해야겠다는 생각을 해본 적이 있어?'라는 이중의 메시지가 담겨 있다.

그리고 하필 거기에 그 표지판이 걸려 있는 상황이 두번째 메시지를 더욱 부각시킨다. 표지판은 간접적으로 이렇게 말하는 셈이다. '이곳은 공놀이를 하기에 안성맞춤인 장소가 분명해. 그렇지 않다면 굳이 공놀이를 금지할 이유가 없잖아. 공놀이 한번 한다고 무슨 큰일이 나겠어? 공이 어디 있더라?'

물론 부정의 메시지를 담은 표지판이 반드시 사람들에게 금지된 행동을 하게 한다고 명확히 결론을 내리는 것은 다소 지나친 일이다. 그러나 공에 빨간 줄을 그어놓은 그림은 하지 말라는 바로 그 행위를 야기할 가능성을 늘 수반한다는 사실 역시 간과해서는 안 될 진실이다.

같은 맥락에서 옛날에 모세가 하느님에게 직접 받았다는 십계명도 마찬가지다. 왜냐하면 다음처럼 10가지 중 8가지가 부정문이기 때문이다.

1) 야훼 이외의 다른 신을 섬기지 마라. 2) 우상을 섬기지 마라. 3) 하느님의 이름을 망녕되이 부르지 마라. 6) 살인하지 마라. 7) 간음하지 마라. 8) 도둑질하지 마라. 9) 이웃에게 불리한 거짓증언을 하지 마라. 10) 네 이웃의 재물을 탐내지 마라.

예나 지금이나 가장 쉽게 무릎을 꿇는 인간의 약점들이 십계명에 그대로 나온 것은 의심의 여지가 없지만 다른 한편으로는 오히려 나쁜 사람이 되기 위한 지침처럼 보일 수도 있다.

금지된 것과 그것을 위반하는 것의 상호작용에 대해 깊이 생각해볼 필요가 있다는 사실은 국제적인 코카인 및 헤로인 무역을 다루고 있는 다음 신문기사에서도 여실히 드러난다.

"UN은 국제적으로 이루어지고 있는 코카인과 헤로인 거래가 매년 1,000억 달러가 넘는 매출을 올리고 있다고 추정하고 있다. 비평가들의 말에 따르면 UN이 결정한 국제적인 마약거래 금지는 지난 수십 년 동안 불법적인 마약거래를 근절하기는커녕 오히려 새로운 시장을 개척하는 결과를 가져왔다고 한다."[15]

전후상황에 대한 설명 없는 부정문은 수수께끼와 같다

부정문은 우리가 하는 말뿐만 아니라 하지 않는 말을 통해서도 뜻밖의 결과를 가져오곤 한다. 예를 들어 "그건 좋은 생각이 아니야!"라고 단정적으로 말하면 상대방은 "뭐가 좋은 생각이 아닌데?"라고 물을 것이다. 앞뒤 상황을 설명하지 않고 대뜸 그렇게 말했으니 당연한 반응이다.

앞서 소개했던 바바라 카우프의 실험이 보여주듯이 말이다. 실험을 마치고 카우프는 다음과 같은 결론을 내렸다.

"부정문은 그 전후관계가 미리 자세하게 명시되거나 적어도 문맥에서 추측이 가능해야만 제대로 이해된다."[16]

실험자들은 피험자들에게 이런 이야기를 들려주었다.

"여름방학이 시작되자 다니엘라라는 여학생이 친구 마라이케와 야외수영장에 가기로 약속했습니다. 둘은 수영장으로 가면서 물이 따뜻할까, 아니면 차가울까 생각해보았습니다."

이어서 '물이 차갑지 않다'는 문장을 읽어주자 피험자들 모두 그 문장을 잘 이해했다. 그들이 그 문장을 남극이 아니라 수영장과 연결시켰기 때문이다. 너무 시시한 실험이라고 고개를 젓기 전에 1분만 더 읽어보기 바란다. 카우프는 이 실험결과에 대해 이렇게 적고 있다.

"그러므로 부정문은 언제 어디서나 긍정문처럼 당연하게 사용될 수 없다."

그래서 우리가 뜬금없이 'No'가 들어가는 문장을 말하면 상대방은 그 문장에 대해 한참 생각하거나 아예 이해하지 못할^{심지어 엉뚱하게 이해할} 우려가 있다. 부모가 "하지 마!"와 "그러지 마!"라는 문장을 사용할 때가 바로 그런 경우다. 전체 맥락을 자세히 설명하지 않고 짧은 부정문만 던지기 때문에 아이들에게는 그 말이 뜬금없이 들릴 때가 많다. 예컨대 "컵을 그렇게 식탁 가장자리에 놓지 마!"라는 문장은 배려심에서 하는 말일지는 몰라도 아이한테는 의미가 없다. 이 부정문에는 납득할만한 근거가 빠져 있기 때문에 아이로서는 왜 그런 말을 하는지 이해가 되지 않는 것이다. 아이는 유리컵을 식탁 가장자리에 두면 떨어지기 쉽다는 것을 제대로 의식하지 못해서 거기 놓는 것일 뿐이다. 그래서 부모의 훈계는 아이에게 풀기 힘든 수수께끼처럼 여겨진다. 아이가 그 딜레마에서 벗어날 방법은 부정문을 오히려 그렇게 하라는 요구로 해석하는 것이다. 그 결과 아이들은 컵을 식탁 가장자리에 더 가깝게 밀어놓고는 한다.

거짓을 진실로 바꾸는 마법, 이누엔도 부정문

지금까지 설명한 것처럼 인간은 부정문보다 긍정문을 더 빨리 이해한다. 부정문을 이해하려면 뇌가 여러 단계의 정보해독 과정을 거쳐야 하기 때문에 시간이 걸릴 수밖에 없다. 이는 수많은 연구논문들에 의해 뒷받침되는 주장인데 뤼트케Lüdtke를 비롯한 3명의 심리학자들은 부정문과 긍정문의 차이를 연구한 결과를 소개하며 우리의 뇌가 부정문'문이 열려 있지 않다.'보다 긍정문'문이 열려 있다.'을 더 빨리 파악할 뿐만 아니라 부정문을 이해하는 과정에서 생기는 오해의 소지도 크다고 주장했다.[17]

대니얼 길버트 Daniel Gilbert를 비롯한 심리학자들은 뤼트케 일행의 주장이 구체적으로 어떤 결과로 이어질 수 있는지를 실험해보았다. 그리고 그 결과를 토대로 그들은 인간은 부정문에 상당히 둔감해서 어떤 것이 사실이 아님을 분명하게 밝혀도 이를 인지하지 못한다는 사실을 밝혀냈다.

"인간은 부정문을 긍정적인 내용으로 축소시키고 'No'가 있었다는 것은 잊어버리는 경향이 있다. 특히 부정문을 이해하는 과정에서 방해를 받으면 그런 일이 발생한다."[18]

예를 들어 어떤 제품이 암을 유발한다는 의심을 더 이상 받지 않는다는 이야기를 들은 뒤 이 부정문을 해독하는 과정에서 어떤 방해를 받으면 오히려 본래의 뜻과는 다르게 그 제품이 암을 유발한다고 믿을 가능성이 있다는 것이다.

과학저널리스트인 요헨 파울루스 Jochen Paulus는 〈디 차이트〉에 기고한 글에서 1984년에 발표된 논문 하나를 소개했다.[19] 그 논문의 저자인 심리학자 대니얼 웨그너 Daniel Wegner는 '제품 X는 위험하지 않다'라는 이누엔도 Innuendo : 화자의 부정적인 편견을 우회적으로 독자나 청자에게 내면화시키는 지적 조작-옮긴이의 부정적인 결과에 대해 실험했다. 웨그너에 따르면 그런 진술의 특징은 이중 메시지를 지니고 있다는 것이다. 한편으로는 어떤 주장 '제품 X는 위험하다.'을 제기하는 동시에 그 주장을 맞지 않는 것 '······지 않다.'으로 평가하기 때문이다.

'제품 X는 위험하지 않다'고 분명히 말하고 있는데 무슨 이중 메시지냐고 생각한다면 오산이다! 웨그너가 실시한 일련의 실험 결과들은 사람들이 이누엔도에 얼마나 둔감한지를 재차 확인시켜주었다. 피험자들은 'Not'에는 신경도 쓰지 않고 '제품 X는 위험하다'는 주장에 의거해서만 판단했다. 그러니까 그 이누엔도 가운데 '제품 X는 위험하다'는 주장만 피험자들의 의식에 남고 부정어는 실종되어버린 셈이다. 사람들이 그런 식의 허위진술을 잘못 이해해서 개인이나 조직 또는 제품의 명예를 훼손시키는 경우가 적지 않다.

1981년 웨그너는 이와 비슷한 결과를 보여주는 또 다른 실험을 했다. 그는 피험자들에게 밥 탤버트^{Bob Talbert}라는 가공인물에 관한 머리기사의 제목을 여러 개 보여주었다. 그 가운데는 중립적으로 진술된 것'밥 탤버트, 우리 시에 오다.'도 있고, 그가 마피아와 협력하고 있다는 노골적인 주장'밥 탤버트, 마피아와 연루되다.'도 있었다. 그런가 하면 질문 형태의 이누엔도'밥 탤버트는 마피아와 관계가 있을까?'도 있었다. 그중 '밥 탤버트는 마피아와 연루되어 있지 않다'라는 헤드라인이 특히 흥미로웠다. 이 헤드라인은 전형적인 부정문 형태의 이누엔도로 '탤버트와 마피아? 아무 관계도 없다. 그러니 그만 잊어버려라!'라는 의미를 담고 있다. 웨그너는 이런 문장들을 읽어주고 나서 피험자들에게 밥 탤버트라는 가상 정치인에 대해 어떻게 생각하는지 물어보았다. 당연히 노골적인 헤드라인들을 들은 피험자들은 밥 탤버트에게 부정적인 점수를 주었다.

그런데 의문문 형태와 부정문 형태의 이누엔도 문장을 들은 피험자들 역시 이 가공의 인물에게 거의 똑같이 부정적인 점수를 주었다. 이 실험으로 웨그너는 이누엔도를 통해 사람을 간접적으로 공격하는 것이 직접적인 공격만큼이나 효과가 있다는 사실을 밝혀낸 것이다.

'어째서 인간의 뇌는 부정문을 해석하는 것을 어려워할까?'라는 문제에 대해서는 관련 연구들이 상당히 많은 편이다. 그 가운데 새로운 이론을 끌어들인 논문에 대해 잠시 살펴보자. 2005년에 발표된 논문 〈허위 주장에 대한 경고가 어떻게 권고로 바뀔 수 있는가 How Warnings about False Claims Become Recommendations〉에는 마케팅 전문가와 심리학자들이 모여서 명확한 경고의 메시지가 사람들의 머릿속에서 정반대의 내용으로 바뀌는 문제를 연구한 내용이 담겨있다.[20]

실험에서 피험자들에게 '아스피린이 치아의 에나멜질을 파괴한다'라는 이야기를 들려주고, 곧바로 이 주장은 근거가 없는 이야기라고 말해주었다. 하지만 실험결과 피험자들의 머릿속에는 이 주장이 엄연한 사실로 자리잡은 것으로 나타났다. 곧바로 그 주장에는 근거가 없다는 경고를 덧붙였는데도 말이다. 말도 안 되는 것이 머릿속에 사실로 새겨지는 현상은 중년 이후에 더 많이 나타난다. 그렇다고 젊은 사람들이 예외라는 말은 아니다.

왜 이런 현상이 일어나는가에 대해 논문의 저자들은 두 가지 답변을 내놓았다. 첫번째는 기억이 장난을 치기 때문이라는 것이다. 다시 말해 기억이 '아스피린이 치아의 에나멜질을 파괴한다'는 메시지를 '근거 없음!'이라는 경고보다 더 잘 간직하기 때문이다. 그런 메시지는 대부분 기억 속에 아무 문제없이 저장되는 반면 메시지의 앞뒤 맥락, 즉 경고에 대한 기억은 소실되어버린다고 한다. 그 결과 우리는 아스피린이 치아의 에나멜질을 녹인다는 주장만 머릿속에 간직하게 되는 것이다. 그리고 그 허튼 주장을 의심스러운 홈페이지나 허접한 잡지에서 읽었다는 것을 까맣게 잊어버리고 만다.

거짓이 진실로 바뀌는 또 다른 이유는 인간이 어떤 진술을 기억하는 것은 그 진술이 친숙한 느낌을 주기 때문이라고 한다. 이 논문의 저자들은 두번째 실험에서도 같은 결과를 확인했다. 그 실험에서 그들은 진실 여부에 대해 아무 말도 하지 않고 어떤 주장을 여러 차례 반복했다. 그리고 어떤 말을 되풀이하는 것만으로도 그 말을 사실로 믿게 할 수 있다는 놀라운 결과를 얻어냈다. 그런 일이 가능한 이유는 우리가 어떤 진술을 이미 알고 있다는 것만으로도 그 진술이 사실이라는 추론을 하기 때문이다.

'신은 없습니다' 캠페인이
결국 실패한 이유

부정의 힘에 관해 읽고 나면 이 챕터의 앞부분에서 언급한 저 널리스트 애리언 셰린과 진화생물학자 리처드 도킨스의 버스 캠페인이 실패로 돌아갔다고 해도 뜻밖이라는 생각은 들지 않을 것이다. 그 캠페인을 계기로 사람들은 더 열심히 신에 대해 생각하게 되었다.

영국의 무신론 캠페인 버스가 전국 투어를 마치고 나자마자 다른 기독교 단체들'크리스천 파티', '삼위일체 바이블 스토리', '러시아 정교회'이 "신은 분명 존재한다. 그러니 크리스천 파티에 동참하고 당신의 삶을 즐기라."는 캠페인을 벌이기 시작했다. 그러나 셰린만큼 언론과 세간의 주목을 받지는 못했다. 한편 독일에서는 '그리스도를 위한 캠퍼스'라는 반무신론 단체가 좀더 효율적인 방법으로 캠페인을 벌였다. 그 단체의 버스는 3주 동안 무신론 캠페인 버스를 그림자처럼 따라다녔다. 그 버스에는 "그래도 신이 있다면⋯⋯?"이라는 물음이 적혀 있었다.

〈슈피겔〉지는 이 일에 대해 보도하면서 무신론자들이 불러일으킨 언론의 관심을 기독교도들이 아주 능숙하게 이용할 줄 안다고 평하기도 했다.[21] 심지어 기독교 측 대변인 잉그마르 바르취 Ingmar Bartsch는 공공 교통기관이 무신론 광고를 거부한 사실에 오히려 유감을 표명했다. 바르취는 "그들은 무신론자로서 존중받고 싶은 것이다."라고 말하고 나서 "우리가 원하는 것은 사람들이 신에 대해 논하는 것이다."라고 덧붙였다. 그런데 몇 개월 전에 도킨스가 뭐라고 했던가? "우리가 원하는 것은 사람들이 깊이 생각하게 되는 것이다."라고 하지 않았던가. 몇 걸음 뒤로 물러나보면 이 두 집단의 차이점이 점점 불분명해지기 시작한다. 얼마나 흥미로운 일인가! 그러므로 무신론자들이 많은 것을 해냈지만 단 한 가지는 해내지 못했다고 볼 수 있을 것이다. 그것은 바로 하느님과 그 아들을 사람들의 머릿속에서 완전히 지워버리는 것이었다. 오히려 무신론자들은 종교적 신념이 사람들의 머릿속에 더 깊이 뿌리박히게 했다. 수백 대의 버스에 '신은 없다'라는 메시지를 붙임으로써 오히려 신의 존재를 알리는 전도사 역할을 한 것이다. 이처럼 어떤 논리나 진술에 대해 괜히 반대를 하고 나섰다가 그것을 더 효과적으로 선전해주느니, 차라리 형편없는 광고처럼 우리 곁을 지나 흔적 없이 사라지게 두는 것이 더 나을 때도 있다.

앞서 말했듯이 이 챕터는 인간의 사고와 언어가 'No'라는 단어를 통해 어떤 식으로 작동하는가를 다루고 있다. 그러면서 이런저런 측면들을 많이 살펴보았지만 기본 내용은 간단하다. 인간의 언어는 인간이 이것이나 저것, 예나 아니오, 흑이나 백, 위나 아래 중에 하나를 선택할 수밖에 없다고 생각하게 하는 구조라는 것이다. 하지만 우리의 행동으로 시선을 돌려보면 사실은 선택안들이

훨씬 많음을 깨닫게 된다. 프리츠 지몬 역시 이렇게 이야기 했다.[22]

"뭔가를 부정할 방법은 딱 한 가지가 아니라 두 가지 이상 있다. 그 두 가지는 소극적인 방법과 적극적인 방법이다. 상대방에게 '난 널 사랑하지 않아!'라고 말하는 사람은 소극적인 방법으로 부정하는 것이다. 한편 '난 네가 싫어!'라고 말하는 사람은 적극적인 방법으로 부정하는 셈이다."

지몬은 "신이 있는지 없는지 모르겠다."_{소극적}와 "신은 없다."_{적극적}라는 말을 또 다른 예로 들고 있다. 이런 관점에서 보면 버스 캠페인을 벌인 애리언 셰린과 리처드 도킨스는 두번째 카테고리, 즉 적극적인 방법을 택한 것이다. 자세히 살펴보면 소극적인 방법과 적극적인 방법에는 '실제'로 대단히 큰 차이가 있다. 소극적인 부정은 특정한 하나를 선택하기 꺼리는 것이다. 반면에 적극적인 부정은 반대의 의미를 지닌 행위를 하는 것이다. 그리고 여기 '실제'라는 대목에서 또다시 이 책의 여러 부분에서 접했던 양면성과 직면하게 된다. 제5장 '선택의 패러독스'에서 살펴본 것처럼 어떤 역설적인 요구들은 우리가 따르지 않아야만 충족된다. "그것은 대부분 우리를 혼란스럽게 하는 언어의 위험성에 속하지만 그 혼란이 우리에게 기회를 주기도 한다."는 것이 지몬의 견해다.[23]

이제 인간의 언어가 '실제'와 접촉할 때마다 생기는 기회에 대해 이야기하면서 이 책을 마무리할까 한다.

패러독스
게임의법칙

경고는 자세하게 하라

당신이 다른 사람들에게 쉽게 설명하고자 하는 것에 대해 가급적 자세하게 경고하라. 그 이유를 잊어버렸다면 앞으로 돌아가서 〈허위 주장에 대한 경고가 어떻게 권고로 바뀔 수 있는가〉라는 제목의 연구논문에 관해 다시 읽어보기 바란다.

버티기 힘들 땐 무언가를 열심히 하면서도 하지 않는 것처럼 굴어보라

적당히 거리를 유지함으로써 복잡한 상황으로부터 빠져나오고 싶다면 당신이 지금 하고 있는 일을 부인하라. 예컨대 어떤 친구가 내게 보낸 메일처럼 말이다.

"안녕, 크리스티안. 출판사 사람들이 내 원고를 보고 뭐라고 했는지 묻지 않겠다고 약속했었지. 그러니까 묻지 않을게. 잘 지내고 있지? 너의 벗 H."

나는 이렇게 답장을 보냈다.

"H에게. 메일 보내줘서 고마워. 내 책을 마무리하느라 정신이 없는 것

빼고는 잘 지내고 있어. 벌써 몇 번이나 마감을 연기했거든. 네가 네 원고에 대해 묻지 않기에 나도 방금 출판사에 다시 문의를 했어. 출판사에서 연락이 오는 대로 메일을 보내겠다는 말을 해줄 수가 없네. 하지만 네가 묻지 않으니 어쩔 수가 없지! 함부르크에서. 크리스티안."

그런가 하면 수줍음 많은 커플이 이 전략으로 진지한 사이가 되기도 했다. 남자가 여자에게 전화한 것이 결정적인 계기였다.

"오늘 저녁에 우리 집에서 만날까?"

남자가 물었다. 그는 지나친 기대를 주고 싶지도 않고, 또 아무것도 약속하고 싶지도 않았기 때문에 이렇게 덧붙였다.

"특별하게 대접할 것은 없어. 그리고 섹스는 어차피 하지 않을 거니까!"

하지만 정성스럽게 준비한 저녁식사가 여자를 기다리고 있었다. 그리고 두 사람은 근사한 밤을 보냈다. 그렇게 하룻밤을 같이 보낸 두 사람은 오랜 연인 관계로 발전했다.

심리학자들은 뭔가를 하면서 그것을 하지 않는다고 주장하는 전략을 '해리dissociation'라고 부른다. 이 전략을 쓰는 사람은 자신이 현재 처해 있는 상황에서 벗어나 거리를 두고 그 상황을 바라보게 된다. 인간은 자신이 지금 하고 있는 것을 하지 않는다고 스스로에게 말함으로써 조금이나마 그 상황에서 발을 뺄 수 있다. 특히 그 상황이 부담스럽거나 신경쓰인다면 그 전략은 대단한 해방감을 선사해준다. 거의 모든 삶의 영역에서 이 전략이 이용될 수 있다.

〈뉴욕 타임스〉에는 이 전략으로 성적을 향상시키는 일류 운동선수들의 기사가 실린 적이 있다.[24] 해리 전략이 효과를 거두는 것은 마음가짐이 몸에 미치는 영향 덕분이다. 마라톤 선수들은 아직 남은 구간을 생각하면 힘이 빠지는 반면 다른 생각을 하면 능률이 오른다고 한다. 예를 들어 이 기사의 제목이었던 '나는 진짜로는 달리고 있지 않다, 달리고 있지 않다'라는 말을 계속 생각하는 것이다. 어떤 상황에 완전히 빠져드는 대신 약간 거리를 두고 자신을 바라보면 침착성과 힘을 얻을 수 있기 때문이다. 다만 내내 그런 식으로 거리를 두고 바라봐서는 곤란하다. 가령 섹스를 하는 동안 그 순간에 몰입하지 않고 계속 옆으로 비켜서 있으면 아무 감흥도 느끼지 못하는 것처럼 말이다.

해리 전략의 가장 극단적인 예는 유대인 집단수용소의 수감자들이 자신들의 절망적인 상황을 농담거리로 삼은 것이다. 역사가이자 작가인 도론 라비노비치Doron Rabinovici는 이렇게 말했다.[25]

"유대인 집단수용소의 수감자들이 농담을 즐긴 것은 틀림없는 사실이다. 테레지엔슈타트 수용소와 게토에는 나치를 희화화해 노래를 부르는 카바레가 있었다. 특히 나의 어머니가 계셨던 빌나 게토의 극장은 유명했다. 처음엔 연극을 무대에 올리는 일이 격렬한 반대에 부딪혔으나 곧 극장은 자기표현의 장으로 발전했다."

언제 죽을지 모르는 상황에서 그래도 힘을 내 자신의 운명과 거리를 둔다는 것은 오늘날의 관점으로 보면 상상하기조차 힘든 일이다. 하지만 그렇게 함으로써 그들은 자신의 자율성과 존엄성을 마지막까지 지켜냈다.

때론 다른 사람의 말을 전하는 것처럼 재치있게 부정문을 활용하라

일본에서는 자기 생각을 직접적으로 표현하는 것이 예의 없는 행동으로 여겨진다. 그래서 사람들은 재치 있게 부정문으로 자신의 생각을 전한다. "나는 그렇게 생각하지 않지만 사람들이 그러더군요. 꽃무늬 벽지는 유행이 지났다고요!"라는 식으로 말이다.

관철시키고 싶은 일이 있다면 오히려 그 일을 금지시켜 보라

금지는 놀라운 재주를 가지고 있다. 우리에게 꿈도 꾸지 못할 아이디어를 가져다주는가 하면, 그 금지를 위반하라고 자극하기도 한다. 그래야만 인간의 자아가 평정 상태를 되찾을 수 있기 때문이다. 그러므로 당신이 아끼는 사람이 있다면 이익이 되는 일을 하지 말라고 금지시키는 방법으로 애정을 전할 수도 있을 것이다. 예컨대 당신 아이가 새로운 책에 관심을 갖기를 바란다면 상자에 책을 넣고 "절대 열어보지 마시오!"라는 메모를 붙이는 것이다. 이 전략은 어른들에게도 먹힌다.

2008년 10월 월 스미스를 비롯하여 저스틴 팀버레이크, 리어나도 디캐프리오, 줄리아 로버츠, 더스틴 호프만 등 할리우드 스타들이 대거 참여한 캠페인이 바로 그런 예다. '다섯 친구들'이라는 이 캠페인은 미국 시민들을 독려하여 대통령 선거에 참여시키려는 것이었다. 할리우드 스타들은 스티븐 스필버그의 연출에 따라 사람들에게 절대 투표하지 말라고 요구하는 이색적인 선거운동을 벌였다. 그 결과를 보면 절대 투표하지 말라는 단호한 요구가 오히려 사람들을 투표하게 했다는 것을 알 수 있다.

원하는 것을 원하지 않는다고 말하면 당신의 의중을 완곡하게 알릴 수 있다

아직은 회사를 그만두고 다른 도시로 이사를 가거나 여행을 떠날 생각이 없다는 식으로 부인함으로써 그럴 가능성이 없지는 않음을 드러내는 것이다. 지금으로서는 직장을 옮길 생각이 없다고 강조하는 것은 주변의 헤드헌터들에게 조건만 맞으면 충분히 이직할 생각이 있음을 암시하는 것이다. 하지만 의도가 빤히 보이게 노골적으로 부인해서는 안 된다. 그러므로 가장 이상적인 방법은 다른 누군가가 당신 대신 그 말을 해주는 것이다.

누군가를 혼란에 빠트리고 싶다면 부정문을 잔뜩 써서 말하라

미국의 심리학자 밀턴 에릭슨은 예나 지금이나 일련의 학자들과 정신과 전문의들에게 지대한 영향을 끼치고 있다. 이 책에서 여러 번 언급했던 파울 바츨라비크도 에릭슨에게 크게 영향을 받았다. 지금 이 자리에서 에릭슨의 업적을 모두 설명할 수는 없으므로, 심리치료에 강력한 수단이 되어준 기술에 대해서만 언급하겠다. 그 기술은 바로 최면치료다. 에릭슨은 인간의 의식이 지니는 능력이 상당히 제한되어 있는 반면 무의식은 그렇지 않다고 확신했다. 인간의 무의식에는 스스로를 치유할 힘과 자원이 잠재되어 있다고 본 것이다. 그렇다면 어떤 방법으로 무의식에 이를 수 있을까? 에릭슨이 찾아낸 답은 '최면 상태'였다. 최면 상태에 빠진 사람의 의식은 잠시 작동을 멈추고 무의식에게 자가 치유의 기회를 열어준다. 그렇다면 어떤 방법으로 최면을 걸고, 또 최면 상태에서 무슨 말을 해야 무의식이 자가 치유를 시작하게 될까? 에릭슨은 다음과 같이 답했다.

"최면을 거는 방법은 여러 가지이고 무의식을 자극하는 표현도 부지기수다. 어떤 방법을 택하는가는 사람에 따라 달라진다. 가령 무슨 지시에든 거부감을 갖는 사람들을 상대할 때는 부정문으로 말하는 것이 좋다. 심리치료사가 부정문을 말하는 것만으로도 환자의 마음속에 쌓여 있던 압박감이나 거부감을 다른 곳으로 돌릴 수 있기 때문이다. 그와 동시에 사람들의 의식은 부정문으로 인해 혼란에 빠진다. 그래서 부정문을 이용해 환자의 제한된 의식을 무력화시킴으로써 내면의 작업이 가능해진다."[26]

에릭슨이 이용한 표현은 이런 식이었다. "한번 해보실 수 있지요, 안 그런가요?", "당신이 마음의 준비가 되어 있지 않다면 최면 상태에 빠질 필요가 없습니다."

간단히 말해 당신이 지속적으로 혼란에 빠뜨리고 싶은 사람에게는 부정문을 잔뜩 쓰라는 것이다.

'예'라는 말을 듣고 싶으면 '아니오'가 '예'가 될 때까지 계속 질문하라

'언어관리사'를 자칭하는 바스티안 지크Bastian Sick는 '예'라는 대답이 '아니오'라는 대답처럼 들리는 경우에 대해 이야기하고 있다.[27] "세계 인구의 50퍼센트 이상이 스스로 '아니오'라고 말하면서도 사실은 자신이 '예'라고 말하고 있음을 알고 있다."는 것이 그의 주장이다. 이어서 지크는 간단한 말장난을 예로 들어 그 주장을 뒷받침한다. 줄기차게 '아니오'라

고 대답하다가 결국에는 '예'라는 대답으로 끝나는 이 사례는 이 챕터의
결말로도 안성맞춤이다.

　"커피 한 잔 드릴까요?"

　"아닙니다!"

　"크림과 설탕을 넣을까요?"

　"아닙니다!"

　"크림을 넣지 말까요? 아니면 설탕을 넣지 말까요?"

　"설탕이오!"

프롤로그

1   이 병원의 공식 명칭은 다텔른 소아청소년 종합병원 소아통증치료 및 소
아통증완화의학과(VIKP)다. 세계 최대의 소아통증치료 시설 가운데 하나
인 이곳에서 매년 220명의 소아청소년이 입원치료를 받고 있으며 외래진
료 환자 수는 1,400명에 이른다. 소아 전문의 보리스 체르니코프 교수가
책임자로 있는 이 병원은 2002년 10월에 설립된 이후로 보다포네 재단의
후원을 받아 운영되고 있다.

How To Think 1 _____ 이중 메시지의 패러독스

1   Simon: 《Meine Psychose》, p. 101

2   Michael Lewis: 《Wall Street Poker. Insider-Story über die skrupellosen
Machenschaften an der Börse》, 1990, p. 9

3   Frankfurter Allgemeine Sonntagszeitung, 5, 9, 2010, p. 25

4   New York Magazin, 2010년 7월 4일자

5   Der Nervenarzt, 2002, 73호, No. 1, pp. 41-49

6   2010년 3월 11일 비넨덴 묻지마 살인사건 1주년에 방송된 프로그램 Deutschlan-dradio Kultur에서 진행된 대담중 헤게를이 답변한 내용.

7   www.wirsindhelden.de/2011/02/1069/

How To Think 2 ──── 상식과 법칙의 패러독스

1   Gerhard Roth: 《Aus Sicht des Gehirns》, 2003, p 81

2   Roth: 《Aus Sicht des Gehirns》, p. 78

3   《Hauptsache irrational》, in: Das Magazin, 2010, 41, p. 43

4   Paul Rozin, April Fallon, Robin Mandell: 《Family Resemblance in Attitudes to Foods》, in: Developmental Psychology, 20권, 21984호, pp. 309-14

5   Roth: 《Aus Sicht des Gehirns》, p. 84

6   1982년에 출간된 더글러스 애덤스의 《은하수를 여행하는 히치하이커를 위한 안내서(The Hitchhiker's Guide to the Galaxy)》제3부의 제목이 "삶, 우주 그리고 모든 것(Life,the Universe and Everything)"이다.

7   Roth: 《Aus Sicht des Gehirns》, p. 138

8   Gerd Gigerenzer: 《Bauchentscheidungen: Die Intelligenz des Unbewussten und die Macht der Intuition》, 2007, p. 37

9   Gigerenzer: 《Bauchentscheidungen》, p. 15

10   Gigerenzer: 《Bauchentscheidungen》, p. 158

11   Gigerenzer: 《Bauchentscheidungen》, p. 92

12   Gigerenzer: 《Bauchentscheidungen》, p. 203

13   Gigerenzer: 《Bauchentscheidungen》, p. 193

14   Frankfurter Allgemeine Zeitung, 2010년 8월 26일자, p. 13

15   Paul Watzlawick: 《Vom Schlechten des Guten oder Hekates Lösungen》, 1986, p. 24

16   Uniprisma와의 인터뷰. Das Wissenschaftsmagazin der Universität Koblenz-Landau, 2009, p. 15

17   Watzlawick: 《Vom Schlechten》, p. 24

18   다니엘 베버가 슈위츠와 '지나치게 많은 선택가능성의 부담'이라는 주제로 진행한 인터뷰 중에서. in: Neue Zürcher Zeitung, No. 3, 2009

19   Seung Ki Baek, Petter Minnhagen, Sebastian Bernhardsson, Kweon Choi, Beom Jun Kim: 《Flow Improvement Caused by Agents Who Ignore Traffic Rules》, 2009, in: Physical Review E, 80권, 1호

20   www.mitnicksecurity.com

How To Think 3 ———— **방해와 명령의 패러독스**

1   C. M. Mills, F. C. Keil: 《Knowing the Limits of One's Understanding: The Development of an Awareness of an Illusion of Explanatory Depth》, 2004, Journal of Experimental Child Psychology, 제87권, 제1호, pp. 1-32

2   Dominique Gosselin, Sylvain Gagnon, Arne Stinchcombe, Melanie Joanisse: 《Accident Analysis & Prevention》, 2010, 42권, 2호

3   Zeit Wissen(2005년 2월 2일자)에 실림. 기고자는 Andrea Schuhmacher

4   New York Magazin(2010년 7월 4일자)에 실림.

5   영화 《인빅터스 – 굴하지 않다(Invictus – Unbezwungen)》의 더빙판(2009)에서 인용함. 이 더빙판은 FFS 영화 및 TV 더빙 유한회사(Berlin)에서 제작

했고, 번역자는 미상.

6 Thomas Buchholz; Anke Gebel-Schurenberg; Peter Nydahl; Ansgar Schurenberg: 《Der Korper: eine unformige Masse. Wege zur Habituationsprophylaxe》, in: Die Schwester Der Pfleger, 37(7/ 98), pp. 568-572

7 Simon: 《Meine Psychose》, p. 128

8 Milton H. Erickson, Ernest L. Rossi: 《Hypnotherapie. Aufbau, Beispiele, Forschungen》, 2010, p. 57

9 물론 이와 같은 '주류'가 이를테면 대중적 패닉상태와 같이 우리를 송두리째 휩쓸어가는 조류로 바뀌는 순간들도 있다. 이에 관한 것은 제5장에서 더 자세히 살펴보기로 하겠다.

10 Jan Lorenz, Heiko Rauhut, Frank Schweitzer, Dirk Helbing: 《How social influence can undermine the wisdom of crowd effect》, 2011, in: Proceedings of the National Academy of Sciences, p. 5

11 Frankfurter Allgemeine Sonntagszeitung, 2010년 12월 26일자, p. 45

12 Juliano Laran, Amy N. Dalton, Eduardo B. Andrade: 《The Curious Case of Behavioral Backlash: Why Brands Produce Priming Effects and Slogans Produce Reverse Priming Effects》, 2011, Journal of Consumer Research, 37

13 www.blaghag.com/2010/04/in-name-of-science-i-offer-my-boobs. html

14 www.en.wikipedia.org/wiki/Boobquake/115608248460905

15 Walter Moers: 《Ensel und Krete. Ein Märchen aus Zamonien von Hildegunst von Mythenmetz》, 2002, p. 142

16 "Zu dick, zu blond, zu blöd", Der Spiegel, 1999, 49호, p. 160

17 NZZ am Sonntag(2009년 9월 27일자)에 실림

18 2011년 2월 19일 스포츠뉴스 "Sportschau"

19 Hans-Joachim Schade: 《Das Handbuch zur Selbstzahlerpraxis》, 1999

20　《MiniMax-Interventionen: 15 minimale Interventionen mit maximaler Wirkung》, 2009, p 44

How To Think 4 ———— 달콤한 보상의 패러독스

1　www.spiegel.de/spiegel/0,1518,739726,00.html

2　《Annals of Gullibility: Why We Get Duped and How to Avoid It》, 2008

3　N. Axmacher, M. X. Cohen, J. Fell, S. Haupt, M. Dümpelmann, C.E. Elger, T. E. Schlaepfer, D. Lenartz, V. Sturm, C. Ranganath: 《Intracranial EEG Correlates of Expectancy and Memory Formation in the Human Hippocampus and Nucleus Accumbens》, 2010, Neuron. 참조: www.ukb.uni-bonn.de/42256BC8002AF3E7/vwWebPagesByID/2A4A30671B-62DE3BC12576D60042DE67

4　Joachim Müller-Jung: 《Warum wir nicht lassen, was uns allen dochschadet》, in: Frankfurter Allgemeine Zeitung, 2010년 3월 31일자, p. N1

5　www.mckinsey.de/html/karriere/ihr_einstieg/experienced_hire/experienced_hire.asp

6　www.news.bbc.co.uk/2/hi/south_asia/3 392 809.stm

7　《Wirtschaftskriminalitat 2009. Sicherheitslage in deutschen Großunternehmen》, Claudia Nestler (PwC), Steffen Salvenmoser (PwC) und Kai-D. Bussmann

8　Renate Daimler, Insa Sparrer, Matthias Varga von Kibéd: 《Basics der Systemischen Strukturaufstellungen. Eine Anleitung fur Einsteiger und Fortgeschrittene》, 2008, p. 147

9　NZZ am Sonntag, 2003년 10월 26일자

10　Horst Siebert: 《Der Kobra-Effekt: Wie man Irrwege der Wirtschaftspolitik vermeidet, 2001, p. 11

11   Randall Fitzgerald: 《When Government Goes Private: Successful Alternatives to Public Services》, 1988

How To Think 5 ——— 선택의 패러독스

1   《The Value of Nothing: How to reshape market society and redefine democracy》, 2009

2   www.colbertnation.com/the-colbert-report-videos/261500/january-12-2010/raj-patel

3   www.nytimes.com/2010/02/05/us/05sfmetro.html

4   www.colbertnation.com/the-colbert-report-videos/267526/march-15-2010/i-can-t-believe-it-snot-buddha--raj-patel

5   2010년 8월 19일자. www.nytimes.com/2010/08/20/us/20bcjames.html?_r =1&scp=4&sq=raj%20patel&st=cse

6   저자는 몬드리안 덕분에 박사논문을 무사히 마칠 수 있었다. 《ur Genese der Abstraktion. Piet Mondrian und seine Beziehung ur Theosophie》, 1988, University Graz

7   신조형주의는 독특한 우연을 따르는 동시에 국제나눔재단 회원들에게 있어 신앙의 기초가 되는 신지학에 기반을 두고 있다.

8   Piet Mondrian: 《Die neue Gestaltung(Das Generalprinzip gleichgewichtigerGestaltung)》, 1920, in: Piet Mondrian:《Bauhausbücher》, No. 5, 1924, p. 28.

9   예컨대 Neue Zürcher Zeitung am Sonntag(2007년 3월 25일자)에 '자기 자신을 찾는 것으로는 충분하지 않다'라는 제목으로 기고한 글

10   Roth:《Aus der Sicht des Gehirns》, p. 151

11   2008년 영국의 그리니치와 얼스터 그리고 리버풀 대학에서 시행됨. 참조:Frankfurter Allgemeine Zeitung, 2008년 9월 10일자, p. 9

12   ttps://www.cia.gov/library/center-for-the-study-of-intelligence/csi-publications/books-and-monographs/analytic-culture-in-the-u-s-intelligence-community/chapter_5_methodologists.htm

13   Damasio:《Ich fuhle, also bin ich》, p. 360

14   Simon:《Meine Psychose》, 2009, p. 273

15   "Eine Frage noch. Sich melden", Frankfurter Allgemeine Zeitung, 2010년 12월 8일자, p. N3

16   제임스 C. 콜린스가 2001년 그의 저서《좋은 기업을 넘어위대한 기업으로(Good to Great)》에서 인용한 말. '스톡데일 패러독스'라는 신조어를 만든 사람도 콜린스다.

17   Simon,《Meine Psychose》, p. 269

18   Watzlawick:《Menschliche Kommunikation》, p. 196

19   Simon:《Meine Psychose》, p. 140

20   Gerald R. Weeks, Luciano L'Abate:《Paradoxe Psychotherapie》, 1985, p.

21   Paul Watzlawick:《Anleitung zum Unglücklichsein》, 2004, p.

22   "Wie schrumpft man Städte?", in: Zeit, 2009년 10월 27일자

23   SZ-Magazin과의 인터뷰, 2010년 7월 23일자

How To Think 6 ———— **무위의 패러독스**

1   2007년 1월 30일자

2　참조: Simon, 《Meine Psychose》, p. 207

3　"Do you want to spend the rest of your life selling sugared water or do you want a chance to change the world?"

4　2010년 10월 14일에 가진 인터뷰에서, www.cultofmac.com/john-sculley-the-secrets-of-steve-jobs-success-exclusive-interview/21572

5　다각적인 통찰이 담긴 문장이기 때문에 인용문을 원어 그대로 살펴볼 필요가 있을 것 같다. "What makes Steve's methodology different from everyone else's is that he always believed the most important decisions you make are not the things you do – but the things that you decide not to do."

6　"I remember going into Steve's house and he had almost no furniture in it. He just had a picture of Einstein, whom he admired greatly, and he had a Tiffany lamp and a chair and a bed. He just didn't believe in having lots of things around but he was incredibly careful in what he selected. The same thing was true with Apple."

7　《The Experience of Regret: What, When, and Why》, in: Psychological Review, 1995, 102권, 2호, pp. 379-95

8　Neue Zürcher Zeitung, 2009년 12월 16일자

9　《Varieties of Regret: A Debate and Partial Resolution》, in: Psychological Review, 1998, 105권, 3호, pp. 602-05

10　Christopher J. Anderson: 《The Psychology of Doing Nothing: Forms of Decision Avoidance Result From Reason and Emotion》, in: Psychological Bulletin, 129권, 1호, pp. 139-67

11　Orit E. Tykocinski, Thane S. Pittman, Erin E. Tuttle: 《Inaction Inertia:Foregoing Future Benefits as a Result of an Initial Failure to Act》, in: Journal of Personality and Social Psychology, 1995, 68권, 5호, pp. 793-03

12　이 사건에 대한 설명은 "스타니슬라프 페트로프와 빨간색 버튼의 비밀

(Stanislaw Petrow und das Geheimnis des roten Knopfs)이라는 기사(2009년 6월 20일자)를 토대로 한 것이다.

13 Markus Kompa, in: Telepolis, 2009년 6월 20일자

14 Harald Willenbrock: 《Reden ist Silber, Schweigen ist Gold》, 9판, 2009

15 Paul Watzlawick, Janet H. Beavin, Don D. Jackson: 《Menschliche Kommunikation. Formen, Störungen, Paradoxien》, 2000, p. 51

16 Frankfurter Allgemeine Zeitung, 2010년 9월 20일자

17 Frankfurter Allgemeine Zeitung, 2011년 7월 13일자, p. 3

18 Frankfurter Allgemeinen Zeitung, 2010년 11월 29일자

19 www.theofficialcharts.com

20 www.catm.co.uk

21 이 장면은 YouTube에서 볼 수 있다. www.youtube.com/watch?v=yB-WhNLbdQt0

How To Think 7 ——— **부정의 패러독스**

1 이 물음의 영어 원문은 신약성경 누가복음 18장 8절에서 인용한 것이다.

2 www.guardian.co.uk/commentis-free/2008/jun/20/transport.religion

3 www.de.wikipedia.org/w/index. php?title=Datei:Ariane_Sherine_and_Richard_Dawkins_at_the_Atheist_Bus_Campaign_launch.jpg&filetimestamp=20 090 127 065 528

4 www.buskampagne.de

5 www.freakonomics.com/2007/08/02/cut-god-some-slack

6   www.berlin.de/rubrik/hauptstadt/geschichte/kennedyrede.html

7   www.de.wikisource.org/wiki/John_F._Kennedy_-_Rede_vor_dem_
          Rathaus_Schöneberg_am_26._Juni_1963

8   Der Tagesspiegel, 2009년 8월 7일자

9   Simon: 《Meine Psychose》, p. 172

10   Barbara Kaup, Richard H. Yaxley, Carol J. Madden, Rolf A. Zwaan, Jana
          Lüdtke: 《Experiential simulations of negated text information》, 2007,
          The Quarterly Journal of Experimental Psychology, 60, pp. 976–90

11   Kaup: 《Experiential simulations》, p. 981

12   Kaup: 《Experiential simulations》, p. 985

13   Kaup: 《Experiential simulations》, p. 987

14   주의 깊은 독자라면 저자의 책 《Dr. Ankowitschs Kleiner Seelenklemp-
          ner》(2009, p. 196)에서 이미 쓴 적이 있는 일화라는 것을 눈치 챘으리라.
          굳이 변명을 하자면, 여기에 너무 딱 맞는 이야기여서 다시 한 번 쓸 수밖
          에 없었다.

15   Max Borowski: "국제적인 마약거래 금지로 캘리포니아가 몸살을 앓
          고 있다(Kalifornien rüttelt am globalen Drogenverbot)", in: Financial Times
          Deutschland, 2010년 10월 28일자, p. 13

16   Jana Lüdtke: 《Sprachpragmatische Aspekte der Negationsverarbeitung:
          Bestätigen und Zurückweisen mit negativen Sätzen》, 2008, Technische
          Universität Berlin, p. 51

17   Lüdtke: 《Sprachpragmatische Aspekte der Negationsverarbeitung》,
          2008, p. 53

18   Daniel T. Gilbert, Romin W. Tafarodi, Patrick S. Malone: 《You Can't Not
          Believe Everything You Read》, 1993, in: Journal of Personality and Social
          Psychology, 65권, 2호, pp. 221–33

19   Daniel H. Wegner: 《Innuendo and damage to reputations》, 1984, in:

Advances in Consumer Research, 11권, pp. 694-96

20 Ian Skurnik, Carolyn Yoon, Denise C. Park, Norbert Schwarz: 《How Warnings about False Claims Become Recommendations》, 2005, in: Journal of Consumer Research, 31권, pp. 713-24

21 Der Spiegel, 2009년 6월 19일자

22 Simon: 《Meine Psychose》, p. 171

23 Simon: 《Meine Psychose》, p. 269

24 The New York Times, 2006년 12월 6일자

25 Doron Rabinovici: 《Instanzen der Ohnmacht: Wien 1938-945. Der Weg zum Judenrat》,2000.

26 Milton H. Erickson, Ernest L. Rossi: 《Hypnotherapie. Aufbau, Beispiele, Forschungen》, 2010, p. 57

27 www.spiegel.de/kultur/zwiebel-fisch/0,1518,394969,00.html